러시아 지방연구 Ⅷ

극동연방지구

경희대학교 러시아지역연구팀

KHUP 경희대학교 출판국

이 책은 지난 2년 동안 경희대학교 러시아지역연구팀이
수행해 온 연구의 성과물이다.

이 책은 2002년도 학술진흥재단의 지원에 의하여 연구되었음
(KRF-2002-072-BS2072)

목차

머리말

오늘날 국제사회는 빠르고 복잡하게 변화하고 있다. 이런 변화가 우리에게 한편으로는 불확실한 환경에 대응해야 하기에 도전이고, 다른 한편으로는 20세기의 부정적인 정체성을 극복하고 발전할 수 있는 기회가 될 수 있다. 역사적으로 한국의 운명은 지정학적인 특성으로 인해 종종 외부환경에 의해 결정되곤 했다. 그 과정에서 우리 자신이 부정되고 왜곡되면서 부정적인 정체성(minus identity)이 형성되었다. 이제 우리는 20세기 후반부터 형성되고 있는 새로운 국제환경에서 부정적인 정체성을 극복하고 새로운 발전을 모색할 수 있는 기회를 갖게 되었다.

최근 한국과 러시아간 교류가 다방면에 걸쳐 확대, 발전되고 있다. 이런 측면은 한반도 발전에 중요한 의미를 지니고 있다. 20세기의 한반도 운명에 결정적인 영향을 미쳤고, 향후 한반도에 중요한 영향을 미치는 나라가 러시아이다. 국권상실과정, 남북분단과정, 냉전체계에서 러시아적 요소는 우리에게 부정적이었지만 앞으로 러시아적 요소는 긍정적인 측면에서 한국의 발전에 중요한 역할을 할 것으로 기대된다. 한국과 러시아의 관계가 상호의존적으로 발전할 가능성이 매우 크기 때문이다.

냉전이후 우리의 국가발전전략 수립 과정에서 러시아의 정치적, 안보적, 경제적 측면이 중요한 역할을 하고 있다. 우리의 생존뿐만 아니라 발전적 측면에서도 러시아적 요소가 존재한다. 러시아는 한국의 국가안보 및 남북관계에도 적지 않은 영향을 미칠 수 있는 국가이며, 세계의 자원, 환경의 보고이며, 유라시아 물류의 통로이다. 나아가 유라시아 대륙과 태평양 세력을 연결시키는 교량적 위치의 활용이 우리 국가발전 전략의 주요개념으로 대두되고 있기 때문에 러시아와의 관계는 한국에 있어서 중요하다.

역사적으로 한국과 러시아의 관계는 150여 년 전으로 거슬러 올라간다. 부정적이든 긍정적이든 양국관계가 확대됨으로써 그에 대한 연구도 적지 않게 진행되어 왔다. 각론적인 수준의 연구뿐만 아니라 점차 종합적인 연구도 시도되고 있다. 그렇지만 대부분의 연구가 중앙수준에서 진행됨으로써 러시아의 전체상을 이해하는데 한계가 있었다. 이런 경향은 중앙의 통제적 차원, 중앙집권적인 국가주도 차원에서 사회현상을 이해하려는 근대적 패러다임과 관련된다고 볼 수 있다.

러시아 지방 수준에서의 연구 필요성을 두 가지 측면에서 살펴 볼 수가 있다. 세계화, 지방화 추세라는 보편적인 측면과 러시아의 특수직인 측면에서 러시아의 지방에 대한 이해가 필요한 시점이다. 오늘날 보편적 측면에서 지구촌의 시대가 도래 하고 있다. 근대이후 국가라는 개념으로 통일되었던 영역이 한편으로는 지방화(localization), 다른 한편으로는 세계화(globalization)로 인해 서서히 약화되어 가고 있다. 탈근대, 탈냉전, 세계화 경향이 대두되면서 지방은 중앙을 거치지 않고 세계와 접촉하게 되었다. 즉 이런 세방화(glocalization)과정에서는 근대적 국민국가의 영역 못지않게 지방의 영역이 주요하게 대두되고 있다. 한편 특수적 측면은 러시아 국가성 형성과 관련하여 제기되고 있는 러시아 지방화 경향이다. 소련 붕괴 후 러시아연방이 해체위기를 맞으면서 국가권력의 수직적 배분과정이 러시아 정치의 주요요소가 되었다. 러시아 국가성의 형성 과정에서 지방의 영역 및 중앙과 지방의 관계는 본질적이게 되었다.

러시아 헌법에 따르면 러시아는 공화국 통치형태의 연방제 국가로서 연방은 다양한 권리를 갖는 러시아 연방 주체들로 구성되어 있다. 러시아에는 89개 연방 구성주체가 있으며, 주체는 21개 공화국(республика), 49개 주(область), 6개 변강주(край), 2개 연방시(город федерального значения), 1개 자치주(автономная область), 10개 자치구(автономный округ)로 규정된다. 러시아의 연방조약(Федеративный Договор)과 연방헌법에 따르면 러시아의 연방체계는 2가지 원칙, 민족원칙 (национально-территориальный)과 지역원칙(административно-территориаль- ный)에 근거하고 있다. 89개 주체로 구성되어 있는 행정체제는 다시 7개 연방지구로 묶여져 기능적 측면에서 중앙의 통제를 받고 있다. 연방지구에는 중앙에서 파견한 대표가 행정을 총괄하는 형태를 띠고 있다. 이는 구소련 붕괴 이후 제대로 작동을 하지 않고 있는 국가관리 체제를 회복하기 위한 시도이다.

러시아에서 연방을 구성하는 단위(支邦)인 'субъект(主體)'는 지방(地方)을 뜻하는 'регион(region)'과 동의어로 사용되고 있다. 일반적으로 지방 이라는 개념에는 다양한 의미가 함축되어 있다. '지방'이라는 개념은 강한 위계를 전제하며 항상 '중앙'과 대비되어 사용되면서 중앙과 대비되는 '주변부

지역', '농촌', '발전되지 않은 지역' 등의 의미를 내포하고 있다. 여기서 '지방'과 '지역'이라는 개념은 종종 혼용되어 사용된다. '지역 활성화'와 같은 관용적인 표현이 있는가 하면 문화적인 측면에서 '지방'이라는 용어가 사용되기도 한다. 러시아에서 정치적, 경제적, 사회적 부분에서 지방(地方)이라는 용어는 본래의 지방(地方)과 연방의 구성단위인 지방(支邦)과 혼용되어 사용된다. 이는 러시아에서의 지방화(регионализация)의 경향은 근본적으로 연방 주체와 관련되기 때문이다. 따라서 중앙-지방의 관계, 지방자치, 지방정부, 지방엘리트(региональная элита), 지방선거(региональные выборы)와 같은 경우 '지방'이라는 용어가 러시아연방을 구성하는 지방 즉 러시아의 연방주체(субъект Российской Федерации)를 의미한다. 하지만 러시아 헌법에 따르면 지방자치(местное самоуправление)는 연방주체 이하인 지방행정 단위, 즉 도시, 농촌거주지역과 기타 구역에 해당한다.

본 연구는 러시아 '공간'의 지방적 특성에 대한 총체적 분석을 목적으로 한다. 러시아 '공간' 및 '공간'간 관계에 대한 보다 정확한 분석은 사회과학, 자연과학간의 학제 간 연계 하에서 가능할 것이다. 그런데 학제 간(interdisciplinary) 연구에서 진행된 주제도(主題圖)의 분석은 별도의 방법론에 근거하기에 그 한계점이 있다. 따라서 본 연구는 이런 한계점을 극복하기 위하여 기존의 요소 환원주의(reductionism)적 연구방법에 의하여 도출된 자료를 복잡성(complexity) 패러다임으로 범위를 재구성하여 러시아 지방의 특성들을 파악하고자 한다.

경희대학교 러시아지역연구팀은 2002년부터 학술진흥재단의 지원 하에 연구의 공간적 범주로서 러시아 지방에 대한 연구를 수행하고 있다. 지난 2년간 본 연구팀은 러시아 지방특성에 대한 분야별 자료조사를 위해 러시아 현지를 방문하고 3차례 세미나를 거쳤다. 1 단계 연구는 분야별 연구방법에 근거하여 각 지방의 특성을 파악하는 것이다. 즉 보편으로 분해 및 분석(解析)하는 귀납적 일반화(inductive generalization)단계이다. 1차적으로 구조적인 子시스템(89개 연방주체)은 기능적인 分시스템으로 고찰된다. 에너지를 중심개념으로 하는 자연시스템, 권력을 중심개념으로 하는 사회시스템, 정보를 중심개념으로 하는 문화시스템이 분석의 국면, 즉 분 시스템이 된다.

자연시스템 관계항목은 토양, 기후, 지형, 자원; 사회시스템 관계항목은 역사, 생활환경, 경제, 교통, 산업, 정치과정, 정치형태, 선거경향; 문화시스템 관계항목은 언어, 종교, 세계관, 신화, 의례, 정체성, 표현상징군 등으로 열거할 수 있다. 이 단계에서 중요한 것은 요소환원주의 (reductionism)적 방법으로 경험적인 자료를 수집하여 분류하는 것이다. 이런 분류체계는 '왜(why)'에 대한 설명(explanation)보다는 'what(무엇)'에 대해 '기술(description)'하게 된다. 이 자료들은 일반화된 관념들을 상호 제약 하에 둠으로써 실재 세계에 대한 하나의 합리적 해석체계를 구축하는 '기술적 일반화(descriptive generalization)', 즉 일반화된 모델을 구체적이고 특수한 영역에 적용하여 '결과'의 해석보다는 '과정'의 성격을 항상 새롭게 해석하게 되는 '유비적 일반화(analogical generalization)'를 위한 첫 단계 작업이다.

공동연구의 1단계 작업을 마무리하면서 러시아 지방연구 시리즈를 출간하고자 한다. 시리즈는 이미 구획된 러시아 지역의 연방지구를 기준으로 하여 총 7권으로 구성된다. 이 시리즈는 지방특성의 이해에 있어서 필수적인 기초 자료를 제공할 것이다. 이 공동연구를 시작한지 2년이라는 시간이 흘렀다. 짧은 시간에 다양한 전공자들이 공통 주제로 연구하는 과정에서 많은 어려움도 있었지만, 소박하나마 결실을 보게 되었다. 이 연구가 러시아의 이해와 연구, 특히 러시아 지방연구에 도움이 되기를 기대한다. 아울러 연구 시리즈 출판을 맡아 준 경희대학교 출판국에게 감사드린다.

러시아 지역연구팀
연구책임자 권 세 은

일러두기

1. 러시아어 고유명사의 한글표기

러시아어 고유명사를 한글로 표기할 때, 가능하면 원어민의 발음과 유사하게 표기하되 다음과 같은 원칙을 유지한다.

1) 모음표기:

- 모음약화는 허용하지 않는다.
  예: Ростов-на-Дону 로스또프 나 도누
- 모음 'e'는 자음 뒤에서는 'ㅔ', 음절의 맨 앞과 'ь', 'ъ', 다른 모음 및 'ш', 'щ'뒤에서는 'ㅖ'로 표기한다.
  예: Липецк - 리뻬쯔크, Екатеринбург - 예까쩨린부르크,
  Грибоедов - 그리보예도프, Ингушетия - 인구셰찌야
- 모음 'ы'는 'ㅣ' 로 표기한다.
  예: Тыва - 띠바

2) 자음표기

- 된소리를 허용하며 자음동화를 반영한다.
  예: Татарстан - 따따르스딴, Новгород - 노브고로트
  그러나 Ленинград(레닌그라드)처럼 우리 사회에 고착화되어 사용되는 표현은 그대로 둔다.
- 자음 'п', 'т', 'к'는 모음 앞에서는 'ㅃ', 'ㄸ', 'ㄲ'로, 공명음 앞에서는 'ㄲ', 'ㄸ', 'ㅃ'로 표기하고, 어말이나 장애음 앞에서는 'ㅍ', 'ㅌ', 'ㅋ'로 표기한다.
  예: Пенза - 뻰자, Казань - 까잔, Красноярск - ㄲ라스노야르스크, Брянск - 브랸스크
- 자음 'б', 'д', 'г'는 모음 앞에서는 'ㅂ', 'ㄷ', 'ㄱ'로, 다른 유성음 앞에서는 'ㄱ', 'ㄷ', 'ㅂ'로 표기하고, 어말이나 장애음 앞에서는 무성음화를 적용하여 'ㅍ', 'ㅌ', 'ㅋ'로 표기했다.

예: Бай кал - 바이깔, Дон - 돈, Гагарин - 가가린, Брянск - 브랸스크

- 자음 'c'는 모음 앞에서는 'ㅆ', 다른 자음 앞이나 어말에서는 'ㅅ'로 표기한다.

  예: Саранск - 싸란스크, Ставрополь - 스따브로뽈

- 자음 'з'는 모음 앞에서는 'ㅈ', 다른 자음 앞에서는 '즈', 어말이나 무성음화가 일어나는 곳에서는 '스' 로 표기한다.

  예: Загорск - 자고르스크, Берёзовский - 베료조프스끼, Кавказ - 까프까스

2. 연방 주체 명칭 표기

1) 러시아 주체 명칭에 대한 다양한 표기가 있지만 다음과 같이 통일한다.

республика - 공화국; область - 주; край - 변강주;
город федерального значения - 연방시; автономная область - 자치주;
автономный округ - 자치구.

2) 민족단위로 구성된 연방주체(공화국, 자치주, 자치구)의 명칭은 고유의 명칭을 그대로 유지한다.

   예: Республика Татарстан - 따따르스딴 공화국,
   Республика Саха(Якутия) - 싸하(야꾸찌야) 공화국

3) 민족단위가 아닌 연방주체의 명칭은 주도의 명칭을 사용한다.

   예: Читинская область - 치따주, Пензенская область - 뻰자주,
   Ленинградская область - 레닌그라드주

4) 연해 변강주(Приморский край)나 유태인 자치주(Еврей ская автономная область)처럼 이미 고착화되어 사용되는 경우는 그대로 유지한다.

극동연방지구 개관

극동연방지구는 싸하 공화국(야꾸찌야), 연해 변강주, 하바로프스크 변강주, 아무르 주, 깜차트까 주, 마가단 주, 싸할린 주, 유태인 자치주, 꼬랴크 자치구, 추꼬트까 자치구 등 10개의 연방주체로 구성되어 있으며 중심지는 하바로프스크(Хабаровск)이고 대통령 전권대표는 꼰스딴찐 보리소비치 뿔리꼬프스끼(Константин Борисович Пуликовский)이다.

극동연방지구의 총 면적은 621만 5천 900㎢로서 러시아 전체 면적의 36.4%를 차지한다. 인구는 716만 9천 400명으로 러시아 인구의 4.9%를 차지한다(2000년 기준). 인구밀도는 ㎢당 1.2명이다. 남부지구에는 총 68개의 도시가 있고 이 중 주요도시로서는 다음과 같다: 블라지보스토크(Владивосток), 하바로프스크(Хабаровск), 꼼소몰스크-나-아무레(Комсомольск-на-Амуре), 블라고베쉔스크(Благовещенск), 뻬뜨로빠블로프스크-깜차츠끼(Петропавловск -Камчатский), 야꾸츠크(Якутск), 유쥬노-싸할린스크 (Южно-Сахалинск), 나호트까(Находка), 우쑤리스크(Уссурий ск), 마가단 (Магадан).

극동연방지구는 가장 넓고 중앙으로부터 멀리 떨어진 지역으로 모스크바에서 블라지보스토크까지의 거리는 도쿄에서 뻬이징까지 거리의 10배이다. 지리적 특성상 아시아와 태평양에 가까운 극동지구는 국가 어획량의 3/4를 생산하며 수산업이 발달되어 있고 금과 금강석의 70-100%를 생산한다. 이외에 목재의 1/10을 비롯하여 베니어 합판, 셀룰로스, 종이, 코크스용 석탄, 주석, 텅스텐, 모피, 콩기름 등도 생산품목에 들어있다. 러시아 다른 지역과의 경제적 교류와 자연자원의 개발, 국방의 강화를 위해 바이칼-아무르 철도가 건설되었다. 유색금속, 희귀금속, 금, 금강석 이외에도 석탄, 석유, 가스 등의 연료자원의 30% 가량이 매장되어 있다. 깜차트까와 꾸릴지역은 연어와 게 어획이 유명하다. 그러나 유럽러시아 지역과 비교해 볼 때 교통비용이 남부는 50%에서 북부는 10배까지 비싸고 특히 북부지역의 건설비용은 비싸서 광물원료 가공산업 발달이 어려움을 겪고 있다. 대양으로의 창인 극동지구는 해안선이 시베리아와의 육지 경계선의 3배에 달하지만 겨울엔 얼음에 덮이고 블라지보스토크, 나호트까, 보스토치니 항구만이 부동항이다. 북쪽지역은 해마다 식량과 연료, 항해 문제를 겪고 있다. 전부터 있어 왔던 노동인력 부족상태는 최근에 심각해졌다. 유럽러시아에서 이주한 사람들이 지역의 노동력을 보충시켜 왔는데 1990년대 이후에는 상황이 바뀌어 인구가 백만이 줄었다. 인구의 76%가 도시에 살고 있고 도시 대부분은 남부에 위치하고 있다. 그 중 대도시는 블라지보스토크과 하바로프스크이다.

러시아 연방

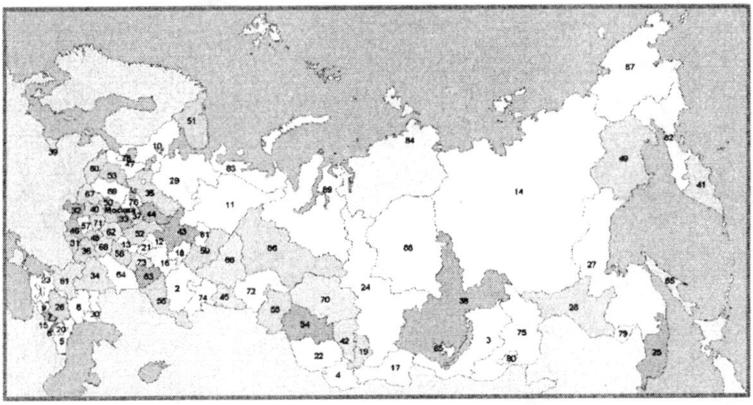

1. 아디게야 공화국 2. 바슈꼬르또스딴 공화국 3. 부랴찌야 공화국 4. 알따이 공화국 5. 다게스딴 공화국 6. 인구셰찌야 공화국 7. 까바르드-발까리야 공화국 8. 깔미끼야 공화국 9. 까라차이-체르께씨야 공화국 10. 까렐리야 공화국 11. 꼬미 공화국 12. 마리 엘 공화국 13. 모르도비야 공화국 14. 싸하 (야꾸찌야)공화국 15. 북 오쎄찌야 공화국 16. 따따르스딴 공화국 17. 띠바 공화국 18. 우드무르찌야 공화국 19. 하까씨야 공화국 20. 체첸 공화국 21. 추바시야 공화국 22. 알따이 변강주 23. 끄라스노다르 변강주 24. 끄라스노야르스크 변강주 25. 연해 변강주 26. 스따브로뽈 변강주 27. 하바로프스크 변강주 28. 아무르주 29. 아르한겔스크주 30. 아스뜨라한주 31. 벨고로트주 32. 브랸스크주 33. 블라지미르주 34. 볼고그라트주 35. 볼로그다주 36. 보로네슈주 37. 이바노보주 38. 이르꾸쯔크주 39. 깔리닌그라트주 40. 깔루가주 41. 깜차트까주 42. 께메로보주 43. 끼로프주 44. 꼬스뜨로마주 45. 꾸르간주 46. 꾸르스크주 47. 레닌그라드주 48. 리뻬쯔크주 49. 마가단주 50. 모스크바주 51. 무르만스크주 52. 니제고로트주 53. 노브고로트주 54. 노보씨비르스크주 55. 옴스크주 56. 오렌부르크주 57. 오룔주 58. 뻰자주 59. 뻬름주 60. 프스꼬프주 61. 로스또프주 62. 랴잔주 63. 싸마라주 64. 싸라또프주 65. 싸할린주 66. 스베르들로프스크주 67. 스몰렌스크주 68. 땀보프주 69. 뜨베리주 70. 똠스크주 71. 뚤라주 72. 쭈멘주 73. 울리야노프스크주 74. 첼랴빈스크주 75. 치따주 76. 야로슬라블주 77. 모스크바 연방시 78. 쌍트 뻬쩨르부르크 연방시 79. 유태인 자치주 80. 아가-부랴찌야 자치구 81. 꼬미-뻬르먀크 자치구 82. 꼬랴크 자치구 83. 네네쯔 자치구 84. 따이미르(돌가노-네네쯔) 자치구 85. 우스찌-오르다 부랴찌야 자치구 86. 한띠-만씨스크 자치구 87. 추꼬뜨까 자치구 88. 에벤크 자치구 89. 야말-네네쯔 자치구

극동연방지구

Санкт-Петербург
СЕВЕРО-ЗАПАДНЫЙ
федеральный округ
ЦЕНТРАЛЬНЫЙ
федеральный
округ
МОСКВА
Нижний Новгород
ПРИВОЛЖСКИЙ
федеральный округ
УРАЛЬСКИЙ
федеральный округ
Ростов-на-Дону
Екатеринбург
ЮЖНЫЙ
федеральный
округ
СИБИРСКИЙ
федеральный округ
Новосибирск
ДАЛЬНЕВОСТОЧНЫЙ
федеральный округ
Хабаровск
극동지구

깜차트까주

Камчатская Область

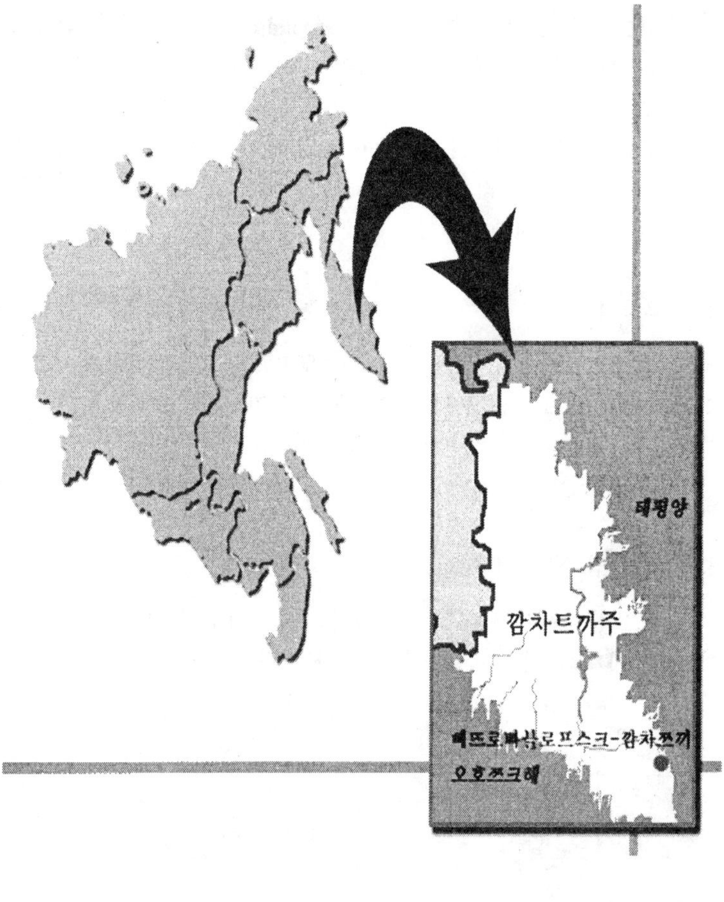

Ⅰ. 개황

1. 기초정보

주 성립일: 1956년 ~ 깜차트까주로 분리, 설립
(1932년 ~ 하바로프스크 변강주의 행정단위로 성립)
주도: 뻬뜨로빠블로프스크-깜차쯔끼(Петропавловск-Камчатский)
인구: 355,000명(2001년 현재: 러시아연방 전체의 0.25%; 89개 주체 중 76위)
인구밀도: 2.07명/㎢
면적: 170,800㎢(러시아연방 전체 면적의 1.00%; 89개 주체 중 22위)
소속지구: 극동연방지구; 극동경제지구
한국과의 시차: +3시간

2. 주요도시

뻬뜨로빠블로프스크-깜차쯔끼: 인구 188,800명; 북위 53°2′, 동경 158°38′
엘리조보(Елизово): 인구 37,300명; 북위 53°10′, 동경 158°22′
빌류친스크(Вилючинск): 인구 32,000명; 북위 53°4′, 동경 158°37′
(인구: 2002년 현재)

3. 주요 산업 및 농업

주의 주요 산업으로 어업, 임업, 목재가공업, 선박수리, 전력산업(지열발전 포함), 건축자재업, 비철금속업, 식료품 산업 등이 발달했으며, 농업부문은 모피동물 사육, 사슴사육, 온천을 이용한 야채재배 등이 발달했다.

Ⅱ. 자연환경

1. 지리적 위치와 구성

깜차트까주는 꼬랴크 자치구를 포함하고 있으며, 11개 행정구(административный район), 4개 시(город), 9개 도시형마을(посёлок городского типа), 52개의 농촌마을(сельская администрация)로 구성되어 있고, 깜차트까 반도 및 반도와 맞닿은 대륙과 꼬만도르스끼, 까라긴스끼 섬 등으로 구성되어 있다. 주의 경계는 오츠크해와 베링해, 태평양을 통과하며, 북쪽으로 마가단주와 추꼬트까 자치구와 경계를 이룬다.

주요 하천은 깜차트까(Камчатка), 아바차(Авача), 볼샤야(Большая)강 등이 있다. 많은 수의 광천수 원천과 온천, 진흙을 분출하는 화산, 물이 끓고 있는 호수 등이 있다.

수도 뻬뜨로빠블로프스크-깜차쯔끼(Петропавловск-Камчатский)와 모스크바 간의 거리는 11,876㎞이다.

2. 기후조건

온난기후대, 극동 해양성기후
2월 평균기온: -13℃
8월 평균기온: 12℃
연강수량: 600 ~ 1,000m
식물 생장 기간: 60일(오츠크 해안)
토양: 산성토, 부식성 염분회색토, 튠드라 토양(북부 지역)
삼림분포도: 57%

3. 주요 유용광물

동광, 니켈광, 석탄, 금, 은, 수은, 천연유황, 각종 건축자재, 원유, 온천 등이 있다.

주요 산지:
갈탄: 꼬르프(Корф).

Ⅲ. 정치시스템

1. 역사

'깜차트까'라는 단어를 말할 때 곧바로 느껴지는 것은 비일상적인 원거리감이다. 간혹 얘기되는 것은 깜차트까는 "빛의 경계에" 있다는 것이다. 러시아의 독특한 이 극단의 지역에 대한 명칭은 17세기 전반기에 나타났으며 그때 깜차트까 반도는 아직 그 이름을 갖지 않았다. 17세기 전반기에 이미 레나강에서 꼴리마강에 이르는 시베리아의 황야는 러시아족 개척자들에 의해 집중적으로 장악되었다. 인디기르-꼴리마 지역에는 17세기 전반기에 개척자들을 포함하여 예니세이의 까자크 이반 깜차또이가 있었다. 그는 간혹 인디기르까에서 꼴리마로 나갔다. 이 하천지역들 사이에 존재했던 길의 고리였던 작은 강들 가운데 하나가 그의 이름으로 불리워졌다. 러시아의 북동지역에는 인디기르까강의 유역을 포함하여 첫 번째 개척자들의 이름을 붙인 강과 호수가 적지 않다.

러시아의 동부로는 계속 새로운 개척자부대가 보내졌다. 레나, 야나, 인디기르까와 꼴리마강은 그 견고한 기지였고, 여기에서부터 동쪽으로 나갈 수 있었다. 이에 기여한 것은 채굴산업, 기쥐가 강을 포함하여 산맥에 걸쳐 위치한 '돌의 강(закаменные реки)'의 부(富)에 대한 소문이었다. 거기로는 까자크 표도르 축치예프 부대가 보내졌고 이어서 그의 부대에 이반 깜차또이가 합류했다. 처음에 축치예프 부대는 꼴리마에서 오몰론으로 나갔으며, 여기에서 육로로 뻰쥐노강으로 옮겨갔다. 역사학자 뾜레븨가 말하듯이, 이것은 의심의 여지없이 베링해였다.

여기로 이반 깜차또이가 보내졌다. 그렇게 그가 지나간 길은 깜차트까를 통과하며 나 있다. 당연히, 그는 현지주민들(꼬랴크족, 이쩰멘 등)과 접촉하게 되었고 현지주민들은 깜차또이를 각기 다르게 불렀다. 한 경우는 '깐차따', 다른 경우는 '꼰샤따'. 이름은 알려지게 되었다. 드디어는 이 이름으로 처음에는 깜차트까강을 불렀고, 계속해서는 반도 자체를 부르게 되었다.

깜차트까의 북부에 개척자들이 나타난 것은 이미 17세기 전반기였던 것으로 보인다. 뻬뜨로빠블로프스크-깜차트끼는 깜차트까 토착민족의 마을 아우

쉰의 자리에 세워졌다. 여기에서는 1740년 두 번째 깜차트까 탐험대, 베링과 치리꼬프의 탐험대가 겨울을 났고 뻬뜨로빠블로프스크 마을을 세웠다.

19세기 초에는 극동의 주요항구가 되었고 깜차트까의 행정-산업중심이 되었다. 1822년에는 뻬뜨로빠블로프스크 항구가 도시로 바뀌었다. 1849-1858년에는 깜차트까주의 중심이었다. 1909년부터 다시 주의 중심이 되었다. 1924년에 뻬뜨로빠블로프스크-깜차트끼로 명칭이 바뀌었다. 1932년에는 극동 변강주 깜차트까지구의 중심이었다. 깜차트까주는 1932년 10월 20일 하바로프스크 변강주 소속으로 구성되었고, 1956년 1월 23일부터 러시아 사회주의공화국의 독자적인 주로 분리되었다.[1)]

2. 권력기관

1) 전체 통치구조상의 특징

깜차트까주에서 국가권력은 입법, 집행 그리고 사법으로의 분립을 기반으로 실현된다. 깜차트까주 국가권력기관 체계를 구성하는 것은 깜차트까주 인민대의원회의, 깜차트까주 행정부, 깜차트까주 치안판사 및 헌장재판소이다.

깜차트까주의 최고 공직자는 깜차트까주지사이다. 깜차트까주에서 국가권력의 입법부분을 실현하는 것은 깜차트까주 인민대의원회의이다. 깜차트까주에서 집행권력을 실현하는 것은 깜차트까주지사의 지도하에 있는 깜차트까주정부이다. 깜차트까주에서 사법권력을 실현하는 것은 러시아연방의 단일한 사법체계에 들어가는 법원이다. 깜차트까주 국가권력기관들을 상호작용하며 연방 국가권력기관, 그리고 지방자치기관과 러시아연방 헌법, 연방법률, 주헌장 및 주법률과 다른 법규를 기반으로 자신의 권한영역에서 상호작용한다.

꼬랴크 자치구는 러시아연방 자치구소속이며 그 주체로서 깜차트까주에 들어간다. 깜차트까주와 꼬랴크 자치구 사이의 관계는 러시아연방 헌법, 연방법률, 깜차트까주 헌장, 꼬랴크 자치구 헌장, 깜차트까주와 꼬랴트 자치구의 국가권력들 사이의 조약으로 규정된다. 깜차트까주의 국가권력기관과 꼬

---

1) 깜차트까주의 역사부분은 다음을 번역, 정리하여 구성한 것이다. Камчатская область. http://www.migratio.ru/geo/geo_kamchat.htm; Из истории названия полуосторова. Камчатка. http://adiastudio.narod.ru/kamchatka/about history.html. (2005년 3월 28일 검색)

랴크 자치구의 국가권력기관들 사이의 공동조약은 깜차트까주 입법(대의) 국가권력기관의 인준을 받아야 한다.

2) 집행기관: 깜차트까주 지사와 행정부

상설적으로 활동하는 깜차트까주의 최고 집행권력기관은 주 행정부로서 주지사가 지휘한다. 주행정부는 러시아연방 헌법, 연방법률, 러시아연방의 다른 법규, 깜차트까주 헌장과 주 법률 및 다른 법규를 기반으로 그리고 그 집행에서 집행-운영기능을 실현한다.

주 행정부에는 다음이 들어간다. 주지사, 주의 수석부지사 및 주의 부지사, 구조적 하위부서 - 깜차트까주의 국가 운영기관(국, 부, 위원회, 분과, 계, 대표부 등), 주행정부의 활동을 보장하는 기관(주행정부 기구).

주지사는 깜차트까주의 최고공직자이고 깜차트까주 집행권력의 활동을 조직한다. 주지사는 자신의 권한실현에서 러시아연방 헌법, 연방법률, 깜차트까주 헌장과 깜차트까주 법률을 준수해야 하고 또한 러시아연방 대통령의 명령과 러시아연방 정부의 명령을 이행해야 한다. 주지사는 단독관리제의 원칙하에 주행정부의 활동을 지도하며 그 권한의 실현에 대한 책임을 진다.

주지사는 선거권을 갖고 깜차트까주의 영토에 거주하는 시민들에 의해 비밀투표하의 보통, 평등, 직접선거권을 기반으로 5년 임기로 선출되며 두 번의 임기를 초과하여 연속으로 선출될 수 없다.

3) 입법기관: 깜차트까주 인민대의원회의

깜차트까주 인민대의원회의는 5년 임기의 39명으로 구성되며 지속적으로 활동하는 최고의 단일한 깜차트까주 입법 국가권력기관이다. 인민대의원회의는 권력분립, 준법성, 공개의 원칙을 기반으로 자신의 활동을 실현한다.

인민대의원회의 구조에는 다음이 들어간다. 의원들 가운데서 선출되는 인민대의원회의의 의장, 수석부의장과 부의장, 그 수와 명칭이 깜차트까주의 법률로 정해지는 인민대의원회의의 업무기관(상임위원회, 상설적인 위원회 및 위원회, 다른 기관들), 인민대의원회의의 활동을 지원하는 기관은 인민대의원회의 기구이다.[2)]

3. 대의정치

1) 러시아연방 대통령 선거

깜차트까주에는 러시아연방 차원의 선거에서 하나의 선거구가 있다. 전체 유권자수는 러시아연방 국가두마의원 선거와 연방대통령 선거의 경우 6만명 안팎으로 집계되었다.

2000년 3월 26일 실시된 러시아연방 대통령 선거에는 유권자의 63.7%가 투표에 참여했고 뿌친이 투표참여 유권자의 48.7%의 지지를 획득했다. 주요 후보들의 득표율은 다음과 같다.

후 보 명	득표율(깜차트까주, %)	득표율(러시아연방,%)
지리노프스끼	6.1	2.7
쥬가노프	28.2	29.3
뿌친	48.7	52.8
찌또프	1.2	1.5
뚤레예프	3.7	3.0
야블린스끼	6.3	5.8
모든 후보에 대한 반대	2.4	1.9

출처: Приложение. Результаты голосования на президентских выборах 2000г. по регионам// Президентские выборы 2000 года в России / Под ред. Май ка Макфола, Николая Петрова и Андрея Рябова. М.: Московский Центр Карнеги, 2000; Выброы-2000 в цифрах и собыгиях. http://www.nns.ru /Elect-2000/result. (2005년 5월 13일 검색)

2) 러시아연방 연방의회

가) 러시아연방 국가두마(하원)의원 선거

1999년 12월 19일 실시된 러시아연방 국가두마의원 선거에서 정당별 투표에 참여한 유권자수는 155,220명으로서 전체 유권자의 60.41%를 차지했다. 깜차트까주에서 정당별 투표의 최다득표자는 '단결(메드베드)'였다.[3)]

---

2) Устав Камчатской области. http://constitution.garant.ru/DOC_25897068.htm. (2004년 5월 9일 검색)

3) 러시아연방 국가두마(하원)의원 선거결과는 러시아연방 중앙선거위원회 및 지역선거위원회의 사이트에서 제시된 것을 참조. Центральная избирательная комиссия Россий ской Федерации. http://cikrf.ru/. 자료에 대한 검색은 주로 2003년 10월부터 2004년 1월에 걸쳐 이루어졌다.

목록	득표수	득표율(깜차트까주, %)	득표율(러시아연방,%)
야블로코	9417	6.07	5.93
단결(메드베드)	45724	29.46	23.32
지리노프스끼 블록	16707	10.76	5.98
조국-전러시아	9240	5.95	13.33
러시아공산당	27308	17.59	24.49
우파연합	14675	9.45	8.52
모든 후보에 대한 반대	7901	5.09	

나) 러시아연방 연방회의(상원)의 성원

깜차트까주에서 선출된 상원의원은 보이쪼프(Л. Н. Бойцов)와 븨꼬프(В. К. Быков)이다. 보이쪼프는 청년 및 체육에 관한 연방회의 위원회 수석부위원장, 북부 및 소수민족문제에 관한 연방회의 위원회의 위원, 정보정책에 관한 연방회의 위원회의 위원으로서, 깜차트까주 인민대의원회의에서 선출된 대표자이다. 2002년 12월 21일 선출되었고 그 임기는 2006년 만료된다. 븨꼬프는 방위 및 안보에 관한 연방회의 위원회의 위원, 의회활동 내규 및 조직에 관한 연방회의 위원회의 위원으로서, 깜차트까주 행정부에서 임명한 대표자이다. 2005년 3월 11일 권한이 승인되었고 권한의 만료기한은 2008년 12월이다.4)

3) 연방주체의 수장 선거

2000년 12월 3일 깜차트까주 지사 선거가 성립되었다. 8명이 입후보했다. 2000년 12월 17일에는 결선투표가 실시되었다. 변강주 법령에 따라 투표에 참여한 유권자들의 과반수 이상의 지지를 얻는 등록된 후보가 당선된 것으로 간주된다. 만일 한 후보도 50% 이상 득표하지 못하면 가장 많은 득표를 한 두 후보를 대상으로 결선투표가 진행된다. 12월 3일 실시된 1차 투표에서 등록된 후보자들의 득표율은 다음과 같다.

4) Бойцов Лев Николаевич. http://council.gov.ru/sostav/member/m10740.htm; Быков Валерий Клавдиевич. http://council.gov.ru/sostav/member/m10642.htm

	후 보 명	득표율(%)
1.	그레쉬늬흐(Грешных Г.Б.)	15.94
2.	도로긴(Дорогин В.Ф.)	14.93
3.	끼셀레프(Киселев В.Н.)	1.17
4.	레즈진쉬(Лездинш А.Я.)	1.20
5.	마쉬꼬프쩨프(Машковцев М.Б.)	20.49
6.	마소예도프(Мясоедов П.М.)	2.33
7.	신첸꼬(Синченко Б.П.)	27.64
8.	슈마닌(Шуманин В.Ю.)	2.42

선거관리위원회 집계에 의하면 선거에는 등록된 유권자의 52.98%가 참여했다. 모든 후보에 대한 반대에는 11.67%가 투표했다.

12월 17일 결선투표는 마쉬꼬프쩨프와 신첸꼬를 대상으로 진행되었고, 각각 45.91%, 42.35%의 득표율을 보였다. 선거에는 등록된 유권자의 45.68%가 참여했고, 모든 후보에 대한 반대에는 10.47%가 투표했다. 깜차트까주 지사로는 마쉬꼬프쩨프가 당선되었다.[5)]

5) Регионы - Губернаторские выборы в 2000 году - Камчатская область. http://i1600.100mb.ru/~grankin/archiv/reg41el.htm.

Ⅳ. 경제시스템

1. 경제개황

깜차트까주는 7개의 연방지구 중 극동지구에 속하고 12개의 러시아 경제지역 중 극동경제지역에 속한다. 깜차트까주의 남북 길이는 상당히 길며 반도라기보다는 일종의 섬과 같은 구조로 되어있다. 경제활동에 있어서 주된 운송수단인 수로와 항공로가 활발히 이용되고 있다.

깜차트까주의 특화분야는 선박건조와 어업분야로 깜차트주의 서부연안에서는 많은 양의 게를 어획하고 있으며 포경산업도 매우 활발히 이루어지고 있다.

깜차트까수의 전체지표인 지역총생산은 대(對)러시아 0.4%의 규모를 가지고 있다. 이것은 작지 않은 경제의 규모를 의미한다. 이 지역총생산이 어떻게 변화되어 왔는지를 살펴보는 것은 매우 중요하다. 깜차트까주의 지역총생산과 1인당 지역총생산을 보면 다음과 같다.

깜차트까주 지역총생산액 추이

항목 \ 년도	1996	1997	1998	1999
지역총생산[6]	7,841	7,966	11,309	15,462
1인당 지역총생산[7]	19,246	19,910	28,747	39,985
지역총생산 지수[8]		97.6	92	93.0

http://www.infostat.ru/epub.htm (검색일: 2003.1.10)

깜차트까주의 지역총생산의 주요 구성 비율을 보면 공업부문이 상대적으로 우위를 점하고 있으며 약 52.2%에 이르고 있다. 농업도 큰 비중을 차지하고 있으며 4.8%에 이르고 있다. 그 외 건설, 운송, 유통이 각각 2.5%, 3.0%, 9.3%에 이르고 있다.

깜차트까주의 기업부문 지표에서의 총 기업수와 소 기업수 그리고 공업활동기업수를 연도별 추이로 살펴보면 다음과 같다.

6) 단위: 백만루블,1997년까지는 십억루블(여타주 동일)
7) 단위: 루블,1997년까지는 천루블(여타주 동일)
8) 전년대비 지역총생산액 %(여타주 동일)

기업수 추이

항목 \ 년도	1997	1998	1999	2000
총기업수(연말)	9,534	10,131	10,767	11,460
소기업수(연말)	2,712	2,086	2,054	1,964
활동기업수	690	705	695	688

http://www.infostat.ru/epub.htm (검색일: 2003.1.10)

2. 산업

(1) 공업

깜차트까주의 공업을 전반적으로 이해하기 위해 공업총량에 대한 지표를 살펴보는 것은 유용하다. 총 공업생산량과 공업생산지수를 연도별 추이로 보면 다음과 같다.

총 공업생산량 추이

항목 \ 년도	1997	1998	1999	2000
총 공업생산량[9]	5,510	6,878	12,159	15,565
공업생산 지수[10]	94	95	98	107

http://www.infostat.ru/epub.htm (검색일: 2003.1.10)

깜차트까주의 공업부문별 구조에 있어 어떤 것이 주요한 부문이고 또 그 비율들은 얼마나 되는가를 보는 것은 공업기여도 평가에 있어 중요한 자료이다. 깜차트까주에는 몇 가지 특화된 부문들이 있으며 그 부문들의 비율을 표로 살펴보면 다음과 같다.

주요 공업생산부문별 생산비율

생산부문	깜차트까주 총공업생산 비율
전기전력	20.1%
연료공업	0.3%
철강업	0.1%
비철금속	8.3%
화학·석유화학	0.1%

9) 명목가격, 단위: 백만루블, 1997년까지 십억루블
10) 전년대비 %

기계제작 · 금속가공	4.0%
목재가공, 종이 · 펄프	0.6%
건재공업	0.9%
경공업	0.2%
식품공업	63.3%
기타	2.1%

http://www.infostat.ru/epub.htm (검색일: 2003.1.10)

위의 표에서 나타나듯이 깜차트까주에서 우위를 차지하고 있는 생산 분야는 식품공업이다. 이렇게 생산된 물품들은 러시아내의 주변 도시뿐만 아니라 세계의 각국으로 활발히 수출되고 있다.

이 지역의 운송부문에서 중요한 사실은 철도가 전혀 없다는 사실이다. 반면에 그 주요수단으로 수로가 이용되고 있다. 가장 주요한 항구로는 뻬뜨로빠블로브-깜차트항구인데 이 항구는 자연적으로 형성된 항구로 오랜 역사를 지닌다. 역사이래로 이 항구는 국내의 물류경제에서 주된 역할을 했을 뿐만 아니라 국제적으로도 그 충분한 가치를 할 것으로 기대되고 있다. 이 외 깜차트까주의 해안 연안부근에는 많은 항구들이 있다.

(2) 농업

깜차트까주의 농업전반을 보기위해 총 농업생산량과, 총 농업생산액 중 작물관련 생산액, 총 농업생산액 중 가축관련 생산액을 연도별 추이로 살펴보면 다음과 같다.

농업생산량 추이

항목 \ 년도	1997	1998	1999	2000
총농업생산액[11]	1,139.6	1,265.7	1,243.6	1,676.9
작물관련 생산액	759.0	794.4	812.4	1,123.6
가축관련 생산액	380.6	471.3	431.2	553.3
농업생산 지수[12]	99	102	74	113

http://www.infostat.ru/epub.htm (검색일: 2003.1.10)

11) 명목가치, 단위: 백만루블, 1997년까지는 십억루블(여타주 동일)
12) 실질가격,전년대비=100(여타주 동일)

깜차트까주의 총 경지면적에서 재배되는 각각의 작물들의 면적비율을 살펴보면 주요 농산물과 기여도를 파악할 수 있다. 주요 농산물은 몇 개로 분류된다. 깜차트까주의 총 파종면적은 2000년을 기준으로 3만 2,600 헥타르이고 여기에 주로 파종되는 작물 종류은 사료용 작물재배가 74.4%로 큰 비중을 가지고 있고 그 외 감자와 채소가 23.8%, 곡물이 1.8%를 차지하고 있다.

깜차트까주의 농업생산에서의 2000년의 주요 품목비율을 살펴보면 다음과 같다.

곡물(수확 후 무게)-500 톤; 감자-73,000 톤; 채소-39,800 톤; 가축과 가금류(도살 후 무게)-2,800 톤; 우유-14,600 톤 등이다.

깜차트까주의 가축사육과 관련해서 2000년 말 기준으로 사육되고 있는 소는 1만 2,100 두이며, 그 중 암소는 5,600 마리이다. 그리고 돼지의 수도 7,500 마리에 이르고 있다.

이러한 가축 사육뿐만 아니라 담비, 여우, 흑담비 등의 야생동물들도 사육하고 있으며 이 중에서 가장 주요한 가축사육인 사슴사육은 이 지역의 경제에 커다란 기여하고 있다. 이렇게 가축사육이 활발히 이루어질 수 있는 배경중의 하나는 작물재배에서 사료용 작물재배를 늘려 먹이를 풍부하게 공급하기 때문이다.

3) 자원 등 기타

깜차트까주는 지리적 위치, 기후조건, 자연경관상 매우 아름다운 곳이다. 이 지역은 가스, 석탄, 온천수, 금, 은 등의 광물원료자원이 매우 풍부하다.

이 지역에서 가장 중요한 광물은 금이다. 현재 400개 이상의 금광이 발견되었지만 그 중 대부분은 그 매장량조차 조사되어 있지 않다. 멀지 않은 미래에 이 지역에 대규모 금 채굴기업이 설립될 가능성이 높으며 이는 러시아의 금 채굴에서 현저한 역할을 수행할 것으로 기대된다. 현재 깜차트주에서 채굴되는 금의 양은 11톤이고 전체적으로는 200톤이 넘는 금이 매장되어 있을 것으로 추정되고 있다. 현재 광물원료자원의 채굴 및 가공은 깜차트까주의 토지이용에 대한 면허를 가진 기업들에 의해 개별적으로 행해지고 있다.

이 외 깜차트까주에는 건축자재들이 매우 다양하며 풍부하다. 이러한 모든 깜차트까주의 광물원료 자원들의 가치는 수자원이나 동력에너지자원을 제외하고도 200억 달러를 초과할 것으로 추정되고 있다.

깜차트까주의 산림은 강의 연안에 펼쳐져 있고 자연보호 기능을 한층 더하여 주고 있다. 산림이 차지하는 면적은 4,390만 헥타르로 깜차트까주 면적의 95%를 차지한다. 산림의 밀도는 42%이며 주종을 이루는 나무는 활엽수, 전나무, 흰색 자작나무, 사시나무, 포플라 등이다. 전체적으로 깜차트까주의 산림은 안정되어 있으며 산림의 역할을 충실히 해내고 있다. 또한 깜차트까주에는 5개의 자연보호구역이 지정되어 있으며 이 지역은 유네스코에 등록되어 있다.

V. 문화시스템

1. 지역정체성

1) 인구

깜차트까주의 2001년도 인구수는 355,000명이다. 다른 연방 주체들과 마찬가지로 출생률의 하락과 사망률의 증가, 그리고 사회적 인구 유출로 인해 인구가 지속적으로 감소하고 있다.

깜차트까주 인구변동 추이

연도	1990	1992	1993	1994	1995	1996	1997	1998	1999	2000	2001
인구수 (1,000명)	435	437	425	409	396	384	477	370	365	359	355

연도	출생자수(명)	사망자수(명)	자연증가율(명)
1990	10,553	8,072	2,481
1992	7,969	9,834	-1,865
1993	7,003	11,817	-4,814
1994	6,800	13,325	-6,525
1995	6,729	12,845	-6,116
1996	6,461	11,192	-4,731
1997	6,230	10,306	-4,076
1998	6,382	10,285	-3,903
1999	6,054	11,612	-5,558
2000	6,374	12,083	-5,709

Россий ский статистический ежегодник. Госкомстат России. М., 2001. С. 83.

지속적인 출생률 하락과 사망률 상승으로 자연증가율도 지속적인 마이너스 성장을 보이고 있어, 전체 인구수가 지속적으로 감소하고 있다.

깜차트까주 출생자수, 사망자수, 자연증가율

연도	출생자수(명)	사망자수(명)	자연증가율(명)
1990	5,270	2,624	2,646
1992	4,142	3,089	1,053
1993	3,417	3,993	-576
1994	3,548	4,355	-807

1995	3,424	4,175	-751
1996	3,367	3,811	-444
1997	3,296	3,394	-98
1998	3,365	3,335	30
1999	3,206	3,571	-365
2000	3,137	3,656	-519

연도	출생자수(명)	사망자수(명)	자연증가율(명)
1990	10,553	8,072	2,481
1992	7,969	9,834	-1,865
1993	7,003	11,817	-4,814
1994	6,800	13,325	-6,525
1995	6,729	12,845	-6,116
1996	6,461	11,192	-4,731
1997	6,230	10,306	-4,076
1998	6,382	10,285	-3,903
1999	6,054	11,612	-5,558
2000	6,374	12,083	-5,709

Россий ский статистический ежегодник. Госкомстат России. М., 2001. С. 123.

깜차트까주도 다른 연방 주체들에서와 마찬가지로 90년대에 지속적인 실업률 상승세를 보였으나, 2000년도를 기점으로 하락추세로 전환되고 있다.

깜차트까주 경제활동인구(취업자, 실업자), 실업률

연도	경제활동인구 (1,000명)	취업자수 (1,000명)	실업자수 (1,000명)	실업률(%)
1992	273	257	16	5.7
1993	254	240	14	5.6
1994	241	218	23	9.7
1995	242	225	17	6.8
1996	235	218	16	7.0
1997*	211	183	28	13.8
1998	200	163	37	18.5
1999	196	158	38	19.4
2000	209	175	34	16.27

* 1996년도까지의 수치는 꼬랴크 자치구를 포함한 통계이며, 1997년부터는 깜차트까주만의 통계이다.

Россий ский статистический ежегодник. Госкомстат России. М., 2001. С. 140.

2) 민족

깜차트까주에는 80여 민족이 거주하며, 주요 민족 구성을 보면, 러시아인 80%, 우변강주나인 9.1%, 벨라루스인 1.6%, 꼬랴크인 1.5%, 축치인 0.3%, 에벤인 0.3%, 이쩰멘인 0.3%, 알레우트인 0.1%, 따따르인 1.2%, 모르드바인 0.5%, 아제르바이잔인 0.3%, 독일인 0.2% 등이다.

3) 교육

깜차트까주의 주요 교육기관과 연구소에는 주립 교육-방법론 센터, 모스크바 소비조합대학 깜차트까 분교, 깜차트까 인문대학, 국립 생활 서비스 아카데미, 깜차트까 주립 음악학교, 깜차트까 인문대, 깜차트까 재정-상업대, 특수 영어학교, 제3 직업전문학교 등이 있다.

2. 지역문화

1) 문화개괄

깜차트까주는 러시아 연방 극동에 있는 주이며 주도(州都)는 뻬뜨로빠블로프스크 깜차쯔끼이다. 깜차트까 반도는 면적이 37만 ㎢이고 행정적으로는 깜차트까 주와 꼬랴크 자치구로 이루어져 있다. 북동쪽에서 남서쪽으로 돌출해 있으며, 길이가 1,200 km이고 최대너비는 480 km이다. 반도와 연결되는 지협부(地峽部)의 너비는 100 km이다. 서쪽의 오호츠크 해 연안에는 굴곡이 적지만, 동쪽의 태평양 연안은 굴곡이 심하며, 반도 내부에는 산이 많다.

해발 고도 2,000~3,000 m의 중앙산맥, 동부산맥이 나란히 뻗어 있고 그 사이에 깜차트까강 유역의 넓은 평야가 펼쳐진다. 모두 120여 개나 되는 많은 화산들이 있으며 화산들은 동해안과 동부 산맥 사이에 집중돼 있고 22개는 활화산이다. 최고점은 원추화산 끌류체프스카야(4,750 m)이다.

깜차트까주의 강, 온천, 화산 등의 아름다운 자연은 사람들의 창의적 본성을 고양시키고 있다. 이곳에서는 민속춤과 음악을 소중하게 간직하고 있다. 많은 마을에는 독립적인 민족 앙상블이 있으며 그 중 유명한 것은 지역만이 아니라 외국에서도 공연을 벌이는 '멘고(Мэнго)'라는 꼬랴크 전문 앙상블이다. 이 앙상블의 춤에는 꼬랴크와 이뗄멘족의 정신문화가 잘 구현되어 있다.

재정적 어려움에도 깜차트까는 문화를 발전시키기 위해 다방면으로 노력하고 있다. 깜카트카주에는 1개의 극장, 4개의 클럽, 7개의 박물관이 있다.

주에는 45개의 문화 기념물이 있는데 그 중 18개는 연방차원에서 의미가 있는 것들이다. 깜차트까의 정신문화 유산을 유지하기위해서 86개의 박물관이 운영 중이다. 자라나는 세대를 위해서 어린이 음악, 예술 학교들이 문을 열고 있다.

2) 문화시설

(1) 뻬뜨로빠블로프스크 깜차쯔끼

이 시는 깜차트까주의 주도로 인구는 30만 명이다. 반도의 동남부 아바친스까아 만(灣) 입구에 위치한 항만도시이다. 제정 러시아시대부터 동진정책의 기지이기도 했던 이 지역은 베링을 시작으로 많은 나라의 항해가들이 자취를 남겼다.

도시는 소프까라고 불리는 언덕에 남북으로 길게 펼쳐져서 도시의 여러 곳을 여행하려면 반드시 차를 이용해야한다. 하루 관광코스는 레닌 광장에서 시작해서 베링 기념비, 향토박물관, 아바친스까야 만에 면한 고지대의 니꼬리쓰까야 소프까까지 둘러보는 것이다.

(2) 깜차트까 반도

유라시아 대륙 동쪽에 돌출된 깜차트까 반도는 일본과 같이 환태평양화산대에 속한다. 모스크바와의 시차는 9시간이고 러시아에서 가장 빨리 해가 뜨는 곳이다. 화산열도라는 별칭으로 불리기도 한다.

(3) 지지 박물관

이 박물관은 1912년 당시의 깜차트까 주지사인 모노마포그의 문서보관소로 설립되었다. 지하 1층에는 깜차트까, 마가단 지방의 동물의 생태, 화산활동의 분포, 소수 민족, 깜차트까 탐험의 역사, 크리미아 전쟁이나 러-일 전쟁 때의 귀중한 자료 등의 전시장이 있다. 1층은 소수민족의 진귀한 수공예, 의장을 전시하고 있다.

(4) 화산학 연구소

이 연구소는 과학 아카데미의 시베리아지부의 하나로 1962년에 설립된 화산학과 지질학 연구기지이다. 아바차 화산에서 20㎞ 떨어진 곳에 위치한다. 견학은 사전에 현지의 호텔에서 예약해야 한다. 연구원의 설명과 함께 귀중한 화산학 자료와 비디오를 볼 수 있다.

(5) 베링 기념비

작은 기념비로 비명에는 '뻬뜨로빠블로프스크의 창시자인 베링에게 바친다'라고 씌어 있다. 베링은 1725년, 1733년에 2번 깜차트까를 탐험해 아시아와 아메리카 사이에 해협이 있는 것을 발견하였다. 그는 탐험 중 아바친스까야 만 입구에 '성 사도 베드로', '성 사도 바울'이라는 작은 배로 입항하였다. 그래서 1740년에 이 땅을 '성 사도 베드로와 바울'이라고 이름을 붙여서 뻬뜨로빠블로프스크가 탄생하게 되었다. 그 때의 작은 배는 현재도 마을의 상징이다.

(6) 파라뚠까

이곳은 온천을 이용한 휴양지가 있는 리조트이다. 휴양지에는 유료 온천이 있다. 숙박 가능한 곳도 있지만 시내에서 하루에 돌아보기에 충분한 거리에 있다. 온천의 온도는 38~39℃ 이다.

꼬랴크 자치구

Корякская Автономный Округ

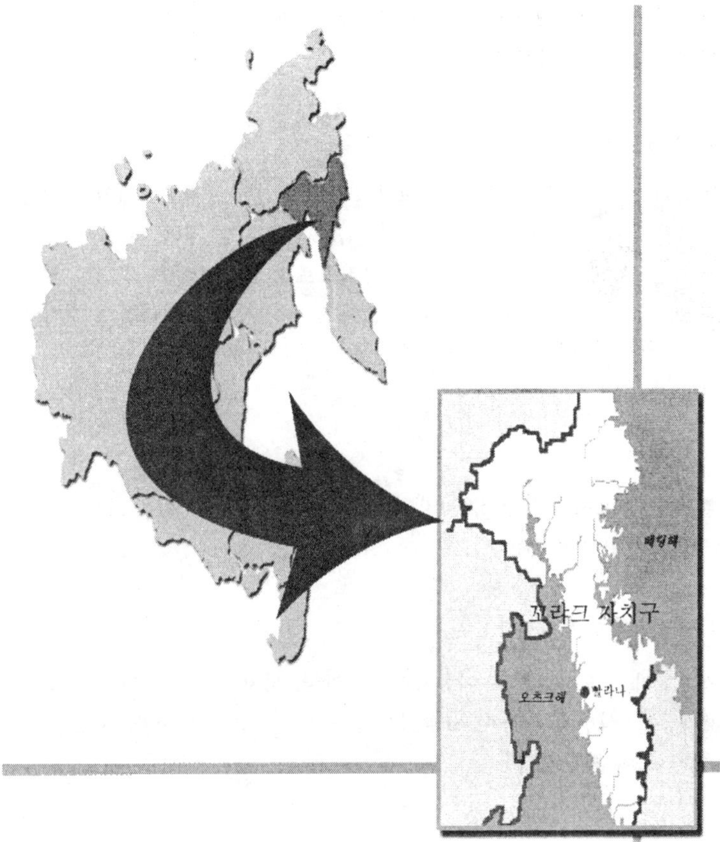

Ⅰ. 개황

1. 기초정보

수도: 빨라나(Палана)
인구: 29,000명(2001년 현재: 러시아연방 전체의 0.02%; 89개 주체 중 88위)
인구밀도: 0.095명/㎢
면적: 301,500㎢(러시아연방 전체 면적의 1.77%; 89개 주체 중 17위)
소속지구: 극동연방지구; 극동경제지구
한국과의 시차: +3시간

2. 상징

꼬랴크 자치구기

꼬랴크 자치구기의 문장은 3개의 동일한 크기의 띠(좌우측의 띠는 청색, 중앙의 띠는 백색)가 수직으로 나있는 장방형 천으로 되어 있다. 깃발 중앙에는 사슴의 머리를 상징하는 붉은색 형상이 묘사되어 있다.

3. 주요도시

빨라나(Палана): 인구 3,600명; 북위 59°5′, 동경 159°56′
(인구: 2002년 현재)

4. 주요 산업 및 농업

자치구의 주요산업으로 어류채취 및 가공, 깜차트까 게잡이, 비철금속업, 목재가공업, 석탄채국 등이 발달했으며, 농업부문은 사슴사육, 사냥, 온실야채 재배 등이 발달했다.

II. 자연환경

1. 지리적 위치와 구성

꼬랴크 자치구는 4개 행정구, 2개 도시형마을, 27개의 농촌마을로 구성되어 있으며, 깜차트까주에 포함되어 있고, 깜차트까 반도 북부 및 이와 맞닿는 대륙의 일부로 구성되어 있다. 다른 경계선은 베링해와 오호츠크해로 둘러싸여 있다.

주요 하천은 뻰지나(Пенжина), 빠하차(Пахача), 딸로프까(Таловка) 등이 있으며 많은 호수가 있다.

수도 빨라나(Палана)와 모스크바 간의 거리는 12,886㎞이다.

2. 기후조건

아북극 기후대, 해양성 기후

1월 평균기온: - 24 ~ 26℃

7월 평균기온: 10 ~ 14℃

연강수량: 300 ~ 700㎜

식물 생장 기간: 60일(뻰지나 분지)

식생: 툰드라, 삼림과 툰드라의 중간 지대

토양: 툰드라 토양, 산악툰드라 토양, 산악삼림토

삼림분포도: 35%

3. 주요 유용광물

석탄, 갈탄, 수은광, 유황 등이 있다.

주요 산지:

갈탄: 꼬르프(Корф).

수은광: 올류또르스크(Олюторский) 반도, 빠하치(Пахачи).

유황: 꼬르프(Корф).

Ⅲ. 정치시스템

1. 역사

깜차트까의 북-서부에서, 오호츠크 해안에서 그리고 베링해 연안을 따라 꼬랴크족의 거주지는 17세기에 발견되었다. 그에 대한 소개는 17세기 중반 제쥐네프의 원정시기에 처음 얻어졌다. 1648년에 건설된 요새도시인 안듸르 마을에서 러시아족들이 깜차트까로 이주하는 것은 1690년대에 시작되었다(아틀라소프의 원정 등). 짜르의 형벌을 이용한 현물세 징수(모피를 자연 상태로 납부하는 것) 남용은 꼬랴크인들의 물리적 저항을 불러 일으켰다.

18-19세기에 꼬랴크인들(특히 남부의)에게서 내부적인 유통과 함께 꼬랴크족 영토에 거주지(펜쥐노, 기쥐가 등)를 세운 러시아족들과의 유통이 확산되기에 이르렀다. 꼬랴크족의 일상에 러시아족이 생산한 상품들이 들어갔다(철제도구, 식료품, 수공제품). 그 영토에 자신의 창고 등을 가지고 있던 미국인들과 꼬랴크족의 유통이 시작되었다. 유통은 일반적으로 꼬랴크 주민들의 만취와 그에 대한 사기를 동반했고 상인과 구매자들에게 커다란 벌이를 가져왔다.

1897년 조사에 따르면 꼬랴크족은 7335명(남자 3733명, 여자 3602명)이었다. 그들은 종족구조의 단계에 놓여 있었고 절반 이상의 가족들이 유목 생활양식 상태에 있었다. 그들이 종사하는 주요한 일은 사슴사육, 사냥 및 어로채취였다.

소비에트 권력은 최종적으로 1922-1923년 겨울에 꼬랴크족이 산재해 있던 영토에 확립되었다. 1918-1922년에 깜차트까에서는 백군이 지배하고 있었다. 1930년에 꼬랴크족은 집단화의 길에 들어섰다. 처음에는 사슴의 공동방목에 관한 산업체가 조직되었고, 그 후에는 농업부문의 협동조합, 사슴사육 국영농장이 조직되었다. 꼬랴크족들은 정착 생활양식으로 바뀌었다. 채취경제는 재구성되어야 했고 산업은 발전했다. 꼬랴크 자치구는 전러시아 중앙집행위원회의 명령 제28호 1930년 12월 10일부터 발효된 “북부 소수민족들이 산재한 지역에서 민족적 결합의 조직에 관하여”에 의해 구성되었다. 1993년 12월 12일부터 꼬랴크 자치구는 러시아연방의 주체가 된다.[1]

2. 권력기관

1) 전체 통치구조상의 특징

꼬랴크 자치구에서 국가권력은 입법, 집행, 사법으로의 분립을 기반으로 실현된다. 입법, 집행, 사법권력기관은 독자적이다.

꼬랴크 자치구에서 입법권력을 실현하는 것은 그 입법(대의)기관인 꼬랴크 자치구 두마이다. 꼬랴크 자치구에서 집행권력을 실현하는 것은 꼬랴크 자치구 행정부로서 꼬랴크 자치구의 최고 공직자인 주지사가 지휘한다. 꼬랴크 자치구에서 사법권력을 실현하는 것은 러시아연방 법원이다.

2) 집행기관: 꼬랴크 자치구 지사와 행정부

꼬랴크 자치구의 집행 국가권력기관은 꼬랴크 자치구 행정부이다. 자치구 행정부를 구성하는 것은 지사 (행정부 수장), 부지사, 구조적 하위부서들이다. 지사는 행정부의 공직자 및 다른 권능있는 인물들로 연합 협의기관을 세우고 그들에게 집행 국가권력기관의 부분적 권한을 줄 수 있다. 자치구 행정부의 구조는 지사에 의해 규정되며 꼬랴크 자치구 두마에 의해 승인된다. 자치구 행정부의 권한, 구성 및 업무조직 절차는 꼬랴크 자치구 법률<꼬랴크 자치구의 행정부에 관하여>에 의해 정해진다.

꼬랴크 자치구 지사는 꼬랴크 자치구의 최고 공직자이고 단독관리제의 원칙으로 꼬랴크 자치구의 집행권력기관인 행정부를 지휘하며 그 권한의 실현에 관한 책임을 진다. 지사는 4년 임기이며 비밀투표로 보통 평등 직접 선거권을 기반으로 선출된다. 자치구 지사로는 30세 이상의, 선거권을 갖고 있고 꼬랴크 자치구의 영토에 거주하고 있는 러시아연방 시민이 선출될 수 있다. 동일한 인물이 두 번의 임기를 초과하여 연속으로 꼬랴크 자치구 지사의 직위에 선출될 수 없다.

자치구 지사는 선출된 이후 15일 이내에 취임해야 한다. 이전 자치구 지사의 권한은 새로 선출된 자치구 지사가 선서를 하는 순간부터 중지된다.

자치구 지사는 꼬랴크 자치구 및 다른 러시아연방 주체의 입법(대의) 국가권력기관과 지방자치기관의 의원이 될 수 없고 다른 국가업무에 속할

---

1) 꼬랴크 자치구의 역사부분은 다음을 번역, 정리한 것이다. Корякский автономый округ. http://www.migratio.ru/geo/geo_koryak.htm. (2005년 3월 28일 검색)

수 없으며, 교육, 학문 및 다른 창조적 활동을 제외하고 다른 유급활동에 종사할 수 없다.

3) 입법기관: 꼬랴크 자치구 두마

꼬랴크 자치구에서 입법권력은 꼬랴크 자치구 두마에 의해 실현된다. 꼬랴크 자치구 두마는 꼬랴크 자치구의 입법국가권력으로서 상설적 기반으로 자신의 활동을 실현한다. 꼬랴크 자치구 두마는 12명의 의원으로 구성되며 보통 평등 직접 선거권을 기반으로 비밀투표에 의해 4년 임기로 꼬랴크 자치구 주민들이 선출한다.

꼬랴크 자치구 두마에는 꼬랴크 자치구에 거주하면서 선거일에 21세에 다다르고 선거권을 갖고 있는 러시아연방 시민이 선출될 수 있다. 두마의원은 다른 입법국가권력기관과 지방자치기관의 의원이 될 수 없고 교육, 학문 및 다른 창조적 활동을 제외한 다른 유급활동에 종사할 수 없다.[2)]

3. 대의정치

1) 러시아연방 대통령 선거

꼬랴크 자치구에는 러시아연방 차원의 선거에서 하나의 선거구가 있다. 전체 유권자수는 러시아연방 국가두마의원 선거와 연방대통령 선거의 경우 19,000명 안팎으로 집계되었다. 전체 연방의 선거구 가운데 가장 유권자수가 적은 선거구이기도 하다.

2000년 3월 26일 실시된 러시아연방 대통령 선거에는 유권자의 68.2%가 투표에 참여했고 뿌친이 투표참여 유권자의 61.14%의 지지를 획득했다. 주요 후보들의 득표율은 다음과 같다.

후 보 명	득표율(꼬랴크 자치구, %)	득표율(러시아연방,%)
지리노프스끼	4.7	2.7
쥬가노프	20.1	29.3

2) Устав Корякского автономного округа. http://www.legislature.ru/ruconst/koryakao.html. (2004년 5월 29일 검색)

뿌친	61.1	52.8
찌또프	1.0	1.5
뚤레예프	4.8	3.0
야블린스끼	4.2	5.8
모든 후보에 대한 반대	1.4	1.9

출처: Приложение. Результаты голосования на президентских выборах 2000г. по регионам // Президентские выборы 2000 года в России / Под ред. Май ка Макфола, Николая Петрова и Андрея Рябова. М.: Московский Центр Карнеги, 2000; Выброы-2000 в цифрах и событиях. http://www.nns.ru /Elect-2000/ result. (2005년 5월 13일 검색)

2) 러시아연방 연방의회

가) 러시아연방 국가두마(하원)의원 선거

1999년 12월 19일 실시된 러시아연방 국가두마의원 선거에서 정당별 투표에 참여한 유권자수는 13,252명으로서 전체 유권자의 69.10%를 차지했다. 꼬랴크 자치구에서 정당별 투표의 최다득표자는 '단결(메드베드)'였다.[3]

목록	득표수	득표율(꼬랴크 자치구, %)	득표율(러시아 연방,%)
야블로코	840	6.34	5.93
단결(메드베드)	5631	42.49	23.32
지리노프스끼 블록	1098	8.29	5.98
조국-전러시아	551	4.16	13.33
러시아공산당	1546	11.67	24.49
우파연합	699	5.27	8.52
모든 후보에 대한 반대	500	3.77	

나) 러시아연방 연방회의(상원)의 성원

꼬랴크 자치구에서 선출된 러시아연방 상원의원은 수보로프(А. С. Суворов)와 오를로프(В. П. Орлов)이다. 수보로프는 청년 및 체육문제에 관한 연방회의 위원회 위원, 북부 및 소수민족문제에 관한 연방회의 위원회의 위원

3) 러시아연방 국가두마(하원)의원 선거결과는 러시아연방 중앙선거위원회 및 지역 선거위원회의 사이트에서 제시된 것을 참조. Центральная избирательная комиссия Российской Федерации. http://cikrf.ru/. 자료에 대한 검색은 주로 2003년 10월부터 2004년 1월에 걸쳐 이루어졌다.

으로서, 꼬랴크 자치구 두마에서 파견된 대표자이다. 권한은 2005년 4월 27일 승인되었고 2008년 12월 임기가 만료된다. 오를로프는 독점에 관한 연방회의 위원회 위원, 자연자원 및 환경보호에 관한 연방회의 위원회의 위원장, 연방회의 활동지원에 대한 통제위원회 위원으로서, 꼬랴크 자치구 행정부에서 임명된 대표자이다. 1940년 3월 22일생으로서, 2004년 4월 13일 임명되었고 2008년 4월 임기가 만료된다.4)

3) 연방주체의 수장 선거

2000년 12월 3일 꼬랴크 자치구 행정수반 선거가 성립되었다. 5명이 입후보했다. 선거관리위원회의 집계에 따라 승자는 1차 투표에서 정해졌다.

	후 보 명	득표율(%)
1.	브로네비치(Броневич В.Т.)	31.43
2.	레우쉬낀(Леушкин С.Г.)	4.11
3.	로기노프(Логинов В.А.)	54.23
4.	멜(Мель Е.П.)	4.12
5.	뽀뽀프(Попов М.И.)	0.42

선거위원회의 집계에 의하면 선거에는 등록된 유권자의 64.32%가 참여했다. 모든 후보에 대한 반대에는 3.46%가 투표했다. 꼬랴크 자치구 지사로는 로기노프가 당선되었다.5)

2. 경제 시스템

1) 경제개황

꼬랴크 자치구는 7개의 연방지구 중 중앙연방지구에 속하고 12개의 러시아 경제지역 중 극동경제지역에 속한다. 이 지역의 경제는 활성화되어 있지는 않지만 지속적인 투자가 이루어지고 있다.

---

4) Суворов Александр Сергеевич. http://council.gov.ru/sostav/member/m10833.htm; Орлов Виктор Петрович. http://council.gov.ru/sostav/member/m10682.htm.
5) Регионы - Губернаторские выборы в 2000 году - Корякский АО. http://i1600.100mb.ru/~grankin/archiv/reg82el.htm.

꼬랴크 자치구는 주로 해로와 항공로를 운송로로 이용하고 있는데 특히 뻰지나강을 경유하는 수로는 매우 중요한 운송로로 손꼽힌다. 1990년 중반까지 이 지역에는 경제위기가 진행되었었다. 그 기간에는 거의 모든 공장과 농장들이 붕괴되었다. 단지 광산 채굴작업만이 정상적으로 이루어졌다. 주요한 두 개의 협동공장인 '차이부하'와 '까라끄게올'은 경제 견인차 역할에 일조하고 있으며 점진적으로 꼬랴크 자치구 경제부흥에 적지 않은 도움이 될 것으로 기대되고 있다.

이렇게 채굴산업으로 시작된 꼬랴크 자치구 경제의 부흥은 어로로 확산되었으며 현재 어로부문은 이 지역경제의 중요한 근간으로써 재정수입에 막대한 기여를 하고 있다.

꼬랴크 자치구의 기업부문의 지표에 있어 총 기업수와 소 기업수 그리고 공업활동기업수를 연도별 추이로 살펴보면 다음과 같다.

기업수 추이

항목 \ 년도	1997	1998	1999	2000
총기업수(연말)	44,943	47,289	663	762
소기업수(연말)	16,359	15,616	86	80
활동기업수	2,734	2,769	64	59

http://www.infostat.ru/epub.htm (검색일: 2003.1.10)

2) 산업

(1) 공업

꼬랴크 자치구의 공업을 전반적으로 이해하기 위해 공업총량에 대한 지표를 살펴보는 것은 유용하다. 총 공업생산량과 공업생산지수를 연도별 추이로 보면 다음과 같다.

총 공업생산량 추이

항목 \ 년도	1997	1998	1999	2000
총 공업생산량	49,948	59,568	2,233	2,939
공업생산 지수	104	100.2	96	114

http://www.infostat.ru/epub.htm (검색일: 2003.1.10)

꼬랴크 자치구의 공업에서 가장 주요한 부분은 어로와 어류가공 등 어업 부문이다. 이 부문의 중심지로 우스찌-하이류조프 지역과 빠하치 지역이 손꼽힌다.

부문별 구조에 있어 어떤 것이 주요한 부문이고 또 그 비율들은 얼마나 되는가를 보는 것은 부문별 공업 기여도를 평가하는데 중요한 자료이다. 꼬랴크 자치구에서는 식품공업과 비철금속이 중심이 되고 있으며 이 산업들의 비중은 절대적이다. 여타 부문들이 어떤 비율을 가지고 있는지 표로 살펴보면 다음과 같다.

주요 공업생산부문별 생산비율

생산부문	꼬랴크 자치구 총공업생산 비율
전기전력	5.8%
연료공업	1.1%
비철금속	43.8%
화학 · 석유화학	0.1%
식품공업	49.2%
기타	0.0%

http://www.infostat.ru/epub.htm (검색일: 2003.1.10)

(2) 농업

꼬랴크 자치구는 전 국토의 0.2%에 해당하는 부분이 농경지이다. 주로 온실야채재배가 번성하고 있고 이 외 사슴사육과 사냥이 활발히 행해지고 있다. 이 지역의 주민들은 어획에 종사하고 있으며 사슴사육과 사냥에 종싸하는 인구도 전통적으로 많은 수를 차지하고 있다.

꼬랴크 자치구의 농업전반을 보기위해 총 농업생산량과, 총 농업생산액 중 작물관련 생산액, 총 농업생산액 중 가축관련 생산액을 연도별 추이로 살펴보면 다음과 같다.

농업생산량 추이

항목 \ 년도	1997	1998	1999	2000
총농업생산액	12,626.1	10,929.7	52.9	60.6
작물관련 생산액	7,735.7	5,724.8	17.7	27.4
가축관련 생산액	4,890.4	5,204.9	35.2	33.2
농업생산 지수	107	70	71	93

http://www.infostat.ru/epub.htm (검색일: 2003.1.10)

꼬랴크 자치구의 총 경지면적에서 재배되는 각각의 작물들의 면적비율을 살펴보면 주요 농산물과 기여도를 파악할 수 있다. 꼬랴크 자치구의 총 파종면적을 보면 2000년을 기준으로 500헥타르이고 여기에 주로 파종되는 작물 종류를 보면 거의 모든 파종 비중을 가지고 있는 것이 감자와 채소이며 그 비중은 78.1%를 차지하고 있다. 감자와 채소의 비중이 상대적으로 높은 것은 여타 지역과 비교해 특이한 사항 중의 하나이다. 그리고 사료용 식물재배는 약 21.9%를 차지하고 있다.

꼬랴크 자치구의 농업생산에 있어 2000년의 주요 생산품목의 비율을 살펴보면 다음과 같다.

감자-3,400 톤; 채소-300 톤; 가축과 가금류 (도살 후 무게)-200 톤; 우유-1,000 톤 등이다.

꼬랴크 자치구의 사슴사육은 오랫동안 해왔던 중요한 생활영역이었다. 그런데 경제적 조건이 여의치 않아 사육에 어려움을 겪게 되면서 점점 이 사업은 기울어 가고 있는 실정이다. 통상 동물 사육은 항상 많은 보조금을 필요로 한다. 이러한 문제를 해결하기 위하여 꼬랴크 자치구에는 사슴사육을 위한 기금이 조성되었으며 광물의 채굴에서 획득하는 재정수입의 일정량을 전통적인 이 지역 경제활동인 사슴사육 등을 위해 지원하고 있다.

V. 문화시스템

1. 지역정체성

1) 인구

꼬랴크 자치구의 2001년도 인구수는 29,000명이다. 다른 연방 주체들에서처럼 90년대 이후 지속적으로 인구가 감소하고 있다. 이는 인구 자연증가율의 지속적인 하락과 인구의 사회적 유출에 기인한다.

꼬랴크 자치구 인구변동 추이

연도	1990	1992	1993	1994	1995	1996	1997	1998	1999	2000	2001
인구수 (1,000명)	40	40	38	36	34	33	33	32	31	30	29

연도	출생자수(명)	사망자수(명)	자연증가율(명)
1990	10,553	8,072	2,481
1992	7,969	9,834	-1,865
1993	7,003	11,817	-4,814
1994	6,800	13,325	-6,525
1995	6,729	12,845	-6,116
1996	6,461	11,192	-4,731
1997	6,230	10,306	-4,076
1998	6,382	10,285	-3,903
1999	6,054	11,612	-5,558
2000	6,374	12,083	-5,709

Россий ский статистический ежегодник. Госкомстат России. М., 2001. С. 83.

꼬랴크 자치구의 인구 자연증가율은 90년대 이후 사망자수가 출생자수를 상회함으로써 지속적으로 하락하는 경향을 보인다. 이에 따라 자치구의 전체 인구수도 감소하고 있다.

꼬랴크 자치구 출생자수, 사망자수, 자연증가율

연도	출생자수(명)	사망자수(명)	자연증가율(명)
1990	10,553	8,072	2,481
1992	7,969	9,834	-1,865

1993	7,003	11,817	-4,814
1994	6,800	13,325	-6,525
1995	6,729	12,845	-6,116
1996	6,461	11,192	-4,731
1997	6,230	10,306	-4,076
1998	6,382	10,285	-3,903
1999	6,054	11,612	-5,558
2000	6,374	12,083	-5,709

Россий ский статистический ежегодник. Госкомстат России. М., 2001. С. 123.

꼬랴크 자치구의 주요 산업은 어업이며, 깜차트까의 게는 큰 비중을 차지한다. 그 외에 목재가공업과 비철금속 야금업, 전력산업, 광업, 어업이 발달해 있다.

1차 산업의 전반적인 쇠퇴와 인구 고령화가 실업률을 지속적으로 높이는 요인으로 작용하고 있다.

꼬랴크 자치구 경제활동인구(취업자, 실업자), 실업률

연도	경제활동인구 (1,000명)	취업자수 (1,000명)	실업자수 (1,000명)	실업률(%)
1992-96	....	....	....	....
1997	20	19	1	6.8
1998	18	16	2	8.8
1999	18	16	2	8.8
2000	17	15	2	12.5

Россий ский статистический ежегодник. Госкомстат России. М., 2001. С. 140.

2) 민족

꼬랴크 자치구에는 30여 민족이 거주한다. 주요 민족 구성을 보면, 러시아인 62%, 원주민인 꼬랴크인 16.4%, 우변강주나인 7.2%, 축치인 3.6%, 이쩰멘인 3.0%, 에벤인 1.8%, 따따르인 1.2%, 벨라루스인 1% 등이다.

3) 교육

꼬랴크 자치구에서는 민족 문화와 교육발전을 위해 많은 노력을 기울이고 있다. 러시아의 어려운 경제상황에도 불구하고, 최근 꼬랴크 자치구 내의 초

-중등학교 숫자는 14개에서 24개로 60% 정도 늘어났다. 이 학교들의 재학생 수도 최근 25%에서 37%까지 증가했다. 최근 수 년 간 초급학교 입학생 숫자는 큰 변동이 없으나, 졸업생 숫자는 1999년에 14개 학교에서 220명이 졸업했고, 2000년에는 24개 학교에서 42명이 졸업했을 정도로 현저히 줄어들었다. 취학전아동교육기관은 34개가 운영되고 있다. 중등학교 가운데 3개교에서는 수업이 고유 민족어로 이루어지고 있다.

중등 직업학교로는 사범학교와 공업학교가 있다. 이 학교 학생들은 교육과 숙식 모두를 국가에서 지원받는다. 그 외에 10개 예술학교가 있다. 자치구에는 대학 교육 기관이 없기 때문에, 대학에 입학하기 위해서는 깜차트까주의 대학에 진학해야 한다.

2. 지역문화

1) 문화개괄

꼬랴크 자치구 문화는 수세기에 걸친 풍부한 전통을 지니고 있다. 다양한 민족들의 구성으로 발전된 코랴크 문화는 매우 다채롭다.

깜차트카 지역 자연의 위대함과 그 민족들(이텔멘, 에벤, 코랴크)의 우호관계, 또한 정신문화의 풍부함은 베를린 자유대학의 교수이자 철학박사이며 막스 플랑크 사회인류학 연구소의 러시아 시베리아 프로그램 연구책임자인 에리흐 카스쩬(Эрих Кастен)에게 깊은 영향을 주었다. 그의 학문적 업적은 깜차트카 민족의 문화역사적 유산 보존의 문제를 연구하는 사람들에게 잘 알려져 있다. 카스쩬은 답사과정에서 출산의식과 전통적인 생활관습, 전설, 전통 공예, 노래와 춤 등에 관한 정보를 수집하고 자료들을 바탕으로 CD를 출간하였다.

캄차트카의 풍부한 정신적 유산들은 다른 여러 문화와 교류하고 합일되면서 형성되었다. 이 지역에서 에벤인, 코랴크인, 이텔멘인들은 전통적인 생활방식을 보존하여 민족의식을 자각하고 발전시키고 있다.

꼬랴크 자치구에는 6개의 박물관이 있으며 그 소장품은 82,000점에 달한다. 자치구에는 다양한 민족의 많은 사람들이 살고 있으며 각 민족마다 자치구 문화에 나름대로의 공헌을 하고 있으며 박물관들은 풍부한 민족 문화를 보존하고 있다. 자치구의 주요 산업은 어업이므로 박물관에는 어로에 필요한 고대 유물이 많이 전시되어 있다. 또한 전통의상도 상당수 전시되고 있다.

자치구에는 29개의 도서관이 활동하고 있는데 도서자료들은 47만5천점에 이른다. 최근 이 자료들은 0.6% 감소하였다. 도서관 근로자 정원은 109명이다. 그밖에도 꼬랴크 자치구에는 문화 시설로서 콘서트장이 있으며 35개의 클럽, 10개의 어린이 음악, 예술 학교가 있다.

자치구는 모국어에 큰 의미를 부여하는데 자료에 의하면 1999년-2000년 당시 이 지역에서 이텔멘어를 공부하는 사람이 저학년에는 47명, 5학년부터 9학년까지는 95명이 있었다. 2000년도 러시아 공화국 문화부 산하 어린이 학교에서는 1,009명이 이텔멘어를 배웠다.

2) 문화시설

(1)꼬랴크 지지 박물관

꼬랴크 지지 박물관은 1991년에 문을 열었다. 이곳에는 고고학과 인류학 유물, 실용 장식예술품들이 다양하게 전시되어 있다. 이 유물 중에는 꼬랴크족, 이텔멘족, 에벤족, 축치족 민중에 대한 많은 양의 기록 자료들이 있다. 전시관에는 사냥용 기구, 고기잡이 도구, 이동용 기구, 세간, 꼬랴트족의 전통 의상 등이 전시되어 있다.

지역 예술가와 실용 예술의 장인들의 전시관도 설치되어 있다. 자치구의 자연 자원 전시관도 유물이 점점 늘어나고 있다.

(2)비스뜨린스크 민속 박물관

비스뜨린스크 민속 박물관 전경

비스뜨린스크(Быстринск) 박물관은 에소(Эссо) 지역의 중심인 우끄시챤(Уксичан) 강 언덕에 위치해 있다. 박물관에는 독특한 샤머니즘 유물과 에벤족의 유물들이 보관되어 있다. 원주민의 생활 모습과 예술, 전통을 보기위해 미국, 독일, 일본, 프랑스 등 여러 나라의 관광객이 박물관을 자주 찾고 있다.

박물관 내부

마가단주

Магаданская Область

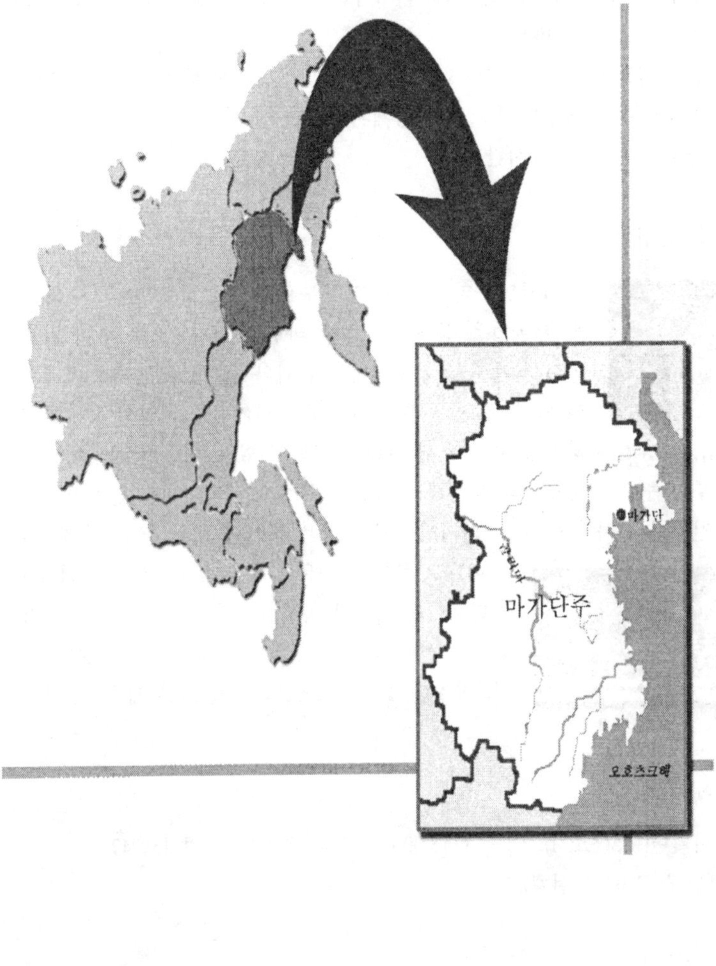

Ⅰ. 개황

1. 기초정보

주 성립일: 1953년 12월 3일.
주도: 마가단(Магадан)
인구: 234,000명(2001년 현재: 러시아연방 전체의 0.16%; 89개 주체 중 79위)
인구밀도: 0.50명/㎢
면적: 461,400㎢(러시아연방 전체 면적의 2.70%; 89개 주체 중 10위)
소속지구: 극동연방지구; 극동경제지구
한국과의 시차: +2시간

2. 상징

마가단주 문장

마가단주의 문장은 세부분으로 구성되어 있다. 주의 귀금속 채굴업을 상징하는 적색 바탕에 십자형으로 놓여 있는 망치와 곡괭이 위에 두 개의 금괴와 한 개의 은괴가 차례로 쌓여 있다. 진한 푸른색 바탕에는 마가단주 해양의 풍요를 상징하는 물고기가 세 마리 묘사되어 있고, 하늘색 바탕에는 마가단주의 주요 교통수단을 상징하는 항공기와 주요 에너지원을 상징하는 수력발전소가 묘사되어 있다. 마가단주의 문장은 2001년 12월 28일 채택되었다.

마가단 주기

마가단 주기는 붉은색 장방형 천으로 제작되었으며, 하단부에는 백색과 청색이 교차하는 파도가 그려져 있다. 또 천의 좌측 상부에는 주의 문장이 묘사되어 있다. 마가단 주기는 2001년 12월 28일 채택되었다.

3. 주요도시

마가단(Магадан): 인구 1115,000명; 북위 59°34′, 동경 150°47′
(인구: 2002년 현재)

4. 주요 산업 및 농업

주의 주요 산업으로 광산업, 어업, 전력산업, 선박수리, 건축자재 생산, 식료품산업, 경공업 등이 발달했으며, 농업부문은 사슴사육, 모피동물 사육, 사냥, 어로 등이 발달했다.

Ⅱ. 자연환경

1. 지리적 위치와 구성

마가단주는 8개 행정구, 2개 시, 31개 도시형마을, 31개의 농촌마을로 구성되어 있으며 러시아연방 북동부에 위치하며 북빙양과 태평양으로 둘러싸여 있다. 지역의 대부분을 꼴림과 추꼬트까 고원, 그리고 아나디리 고원이 차지하고 있다.

마가단주는 싸하 공화국, 하바로프스크 변강주, 추꼬트까 자치구, 깜차트까주와 경계를 이룬다.

주요 하천은 꼴리마(Колыма)강과 아나디리(Анадырь)강이다.

수도 마가단과 모스크바 간의 거리는 7,110㎞이다.

2. 기후조건

대륙성 혹한 기후

1월 평균기온: -19(해안) ~ -38℃(내부 지역)

7월 평균기온: 11 ~ 16℃

연강수량: 300 ~ 700㎜

식물 생장 기간: 50 ~ 65일

식생: 툰드라, 삼림과 툰드라의 중간 지대

대부분의 땅이 항상 얼어붙어 있는 지역이며 점토와 회백토 토양이 주종을 이룸.

토양: 점토, 염분회색토

삼림분포도: 38%

3. 주요 유용광물

석탄, 철광, 금, 주석, 수은, 비철금속, 건축자재 등이 있다.

주요산지:

석탄: 아르까갈라(Аркагала), 갈리미(Галимый).

철광: 오몰론(Омолон).

주석: 옴쑤크찬(Омсукчан).

금: 까람껜(Карамкен), 두까트(Дукат).

수은: 쁠라멘(Пламен), 서 빨랸스크(Западно-Палянск).

볼프람: 옴쑥찬(Омсукчан).

Ⅲ. 정치시스템

1. 역사

오랫동안 러시아의 북동지역은 탐험되지 않은 채 남아있었다. 꼴리마강 지역부근으로의 드문 원정은 무엇보다 귀금속 탐색을 목적으로 하고 있었고 이 지역의 탐험이나 연구를 위한 것은 아니었다. 이 지역에서 지속적인 수로측량 관측이 시작된 것은 대략 1865-1970년 스따리츠끼(К. С. Старицкий) 에 의해서였다. 그는 베링해, 오호츠크해 및 일본해의 복합적인 측량에 성공했고 1870-1877년에 옐라긴(А. П. Елагин)과 오나쩨비치(М. Л. Онацевич)는 그가 시작한 일을 계속했다. 1880년에는 동태평양의 부분적 측량이 이루어졌고 이는 1897년에 동대평양 수로측랑 원정으로 개편되었다. 1893년에 구로븨(А. Я. Гуровый)에 의해 극동의 첫 번째 고고학 지도가 만들어졌다. 1900년에는 지리학 협회의 하바로프스크 지부 구성원들이 깜차트까와 안듸르 지역으로의 출발을 감행했다. 그렇지만 마가단주에 대해서는 겨우 연안지역 정도만 탐구되었을 뿐이었다.

1912년에 러시아의 핵심 수로측량 담당부서는 볼촉만을 나가예바만으로 명칭을 바꾸었다. 북부의 극동위원회의 결정에 따라, 노동자 및 프롤레타리아 라이온의 생활향상을 위해 7개의 문화기지가 세워졌고, 이들 가운데 하나는 나가예바만에 있었다. 1928년에 빌리빈(Ю. А. Билибин)과 짜레그라트스끼(В. А. Цареградский)의 지도아래 꼴리마강 유역의 금에 대한 학자들의 전망을 확인하기 위해 지리학자들의 첫 번째 원정이 조직되었다. 지리학자들은 여기에 금이 있는 것을 증명했다. 뿐만 아니라 여기에서는 주석 원광들의 결정체가 발견되었고, 계속해서 러시아 영토에서 대규모 주석 매장지가 개발되었다.

1929년 6월 22일 나가예바만에는 화물과 건설자들을 실은 기선 <겐리 리비예르>가 정박했다. 이 혹독한 지역의 계획적인 정착이 시작되었는데, 그 정착은 꼴리마강 지역에서 금채굴만이 아니라 문명적인 거주여건의 마련에도 있었다.

마가단주의 역사는 굴락 시기와 밀접하게 연관된다. 이 시기에 주의 모든 영토는 소연방 내무 인민위원부(НКВД)의 교정-노동 수용소였다. 여기로 스탈린체제에 이롭지 않은 이들이 유형에 처해졌다. 이미 1940년에 굴락의 카드목록에는 이전 시기에 고립되었던 이들과 1940년 3월 1일 현재 유형지에 있던 8백만 명에 대한 정보가 담겨있었다.

힘에 겨운 노동으로 사망한 이들에 대한 기념비가 된 것이 현재의 마가단시이다. 1939년에 도시의 지위가 부여되었고 1953년부터는 영토크기로 러시아의 가장 큰 주들 가운데 하나의 중심이 되었다. 여기에는 박물관, 극장, 연구소, 호텔, 가게, 다양한 기업과 기관들과 같이 주의 중심의 지위에 맞는 모든 것이 있다. 마가단의 쉽지 않았던 과거에 대해 듣는 여행자들은 완전히 현대화된 이 도시의 외관에 놀란다.[1)]

2. 권력기관

1) 전체 통치구조상의 특징

마가단주의 국가권력기관 체계를 구성하는 것은 마가단주 두마 - 마가단주의 입법국가권력기관, 주지사가 지휘하는 마가단주의 행정부 - 마가단주의 최고 집행 국가권력기관, 마가단주의 헌장재판소, 주헌장에 따라 구성되는 마가단주의 다른 국가권력기관들이다.

2) 집행기관: 마가단주 지사와 행정부

마가단주의 국가권력기관 체계를 구성하는 것은 마가단주의 최고 집행 국가권력기관 - 마가단주의 최고공직자인 마가단주 지사가 지휘하는 마가단주의 행정부, 마가단주의 집행 국가권력기관 구조에 관한 주법률에 따라 구성되는 마가단주의 다른 집행 국가권력기관들이다.

러시아연방 헌법에 따라 러시아연방의 관할영역에서 러시아연방과 러시아연방 주체의 공동관할 사항에 관해 러시아연방의 권한영역에서 연방 집행권력기관과 러시아연방의 집행권력기관은 러시아연방에서 단일한 집행권력 체계를 구성한다.

마가단주 지사는 마가단주의 최고 공직자이자 집행권력의 수장이다. 마가

1) 마가단주의 역사부분은 다음을 번역, 정리하여 구성한 것이다. Магаданская область. http://www.migratio.ru/geo/geo_magadan.htm; http://www.magadan.intergrad.ru/istoria.html. (2005년 3월 28, 29일 검색)

단주 지사는 연방 국가권력기관, 러시아연방 주체의 국가권력기관, 지방자치기관과의 관계에서 그리고 대외경제적 관계의 실현에서 마가단주를 대표한다. 마가단주 지사는 5년 임기로 선출된다. 마가단주 지사에는 30세 이상의, 연방법률, 주헌장 및 주법률에 따라 피선거권을 갖는 러시아연방 시민이 선출될 수 있다.

마가단주 행정부는 마가단주의 상설적으로 활동하는 최고 집행 국가권력기관이다. 마가단주 행정부의 소속과 구조에는 마가단주의 지사 및 부지사가 들어간다. 마가단주 행정부의 구성 및 활동절차는 마가단주 지사에 의해 독자적으로 정해진다.

마가단주 지사와 행정부의 활동지원 및 마가단주 집행권력기관에 의해 마가단주 지사와 마가단주 행정부의 결정의 집행에 대한 통제의 조직화를 위해 마가단주 행정부 기구가 구성된다. 마가단주 행정부 기구에 관한 사항은 마가단주 지사에 의해 승인된다.

3) 입법기관: 마가단주 두마

마가단주 두마는 단원제의, 상설적으로 활동하는 단일한 입법국가권력기관이다. 마가단주 두마의원들의 권한임기는 5년이다. 한 회기의 주두마의 의원이 선출되는 임기의 산정은 그 결과로 해당 회기의 주두마의 소속으로 당선된 투표일로부터 시작된다.

마가단주 두마는 25명으로 구성되며 보통 평등 직접 선거권을 기반으로 비밀투표로 선출된다. 마가단주 의원의 절반 이상은, 마가단주 두마의 의원선거에 관한 법률에 따라 선거집단, 선거블록이 제시하는 의원후보 명단에 투표하는, 단일 선거구에서 비례투표로 선출된다. 나머지 의원은 소선거구제로 각 선거구별로 선출된다.[2)]

3. 대의정치

1) 러시아연방 대통령 선거

마가단주에는 러시아연방 차원의 선거에서 하나의 선거구가 있다. 전체 유권자

2) Устав Магаданской области. http://www.magadan.ru/laws/ustav.shtml. (2004년 5월 29일 검색)

수는 러시아연방 국가두마의원 선거와 연방대통령 선거의 경우 15만명 안팎으로 집계되었다.

2000년 3월 26일 실시된 러시아연방 대통령 선거에는 유권자의 64.4%가 투표에 참여했고 뿌친이 투표참여 유권자의 62.0%의 지지를 획득했다. 주요 후보들의 득표율은 다음과 같다.

후 보 명	득표율(마가단주, %)	득표율(러시아연방,%)
지리노프스끼	5.3	2.7
쥬가노프	22.5	29.3
뿌친	62.0	52.8
찌또프	0.9	1.5
뚤레예프	2.1	3.0
야블린스끼	3.7	5.8
모든 후보에 대한 반대	1.5	1.9

출처: Приложение. Результаты голосования на президентских выборах 2000г. по регионам // Президентские выборы 2000 года в России / Под ред. Май ка Макфола, Николая Петрова и Андрея Рябова. М.: Московский Центр Карнеги, 2000; Выбpoы-2000 в цифрах и событиях. http://www.nns.ru /Elect-2000/result. (2005년 5월 13일 검색)

2) 러시아연방 연방의회

가) 러시아연방 국가두마(하원)의원 선거

1999년 12월 19일 실시된 러시아연방 국가두마의원 선거에서 정당별 투표에 참여한 유권자수는 87,876명으로서 전체 유권자의 57.28%를 차지했다. 마가단주에서 정당별 투표의 최다득표자는 <단결(메드베드)>였다.[3)]

목록	득표수	득표율(마가단주, %)	득표율(러시아연방,%)
야블로코	3444	3.92	5.93
단결(메드베드)	37744	42.95	23.32
지리노프스끼 블록	10114	11.51	5.98

3) 러시아연방 국가두마(하원)의원 선거결과는 러시아연방 중앙선거위원회 및 지역선거위원회의 사이트에서 제시된 것을 참조. Центральная избирательная комиссия Российской Федерации. http://cikrf.ru/. 자료에 대한 검색은 주로 2003년 10월부터 2004년 1월에 걸쳐 이루어졌다.

조국-전러시아	1972	2.24	13.33
러시아공산당	16576	18.86	24.49
우파연합	5802	6.60	8.52
모든 후보에 대한 반대	2239	2.54	

나) 러시아연방 연방회의(상원)의 성원

마가단주에서 선출된 러시아연방 상원의원은 깔리꺈(В. А. Каликян)와 꿀라꼬프(В. Ф. Кулаков)이다. 깔리꺈은 러시아연방 예산위원회와의 상호작용에 관한 연방회의 위원회 위원, 북부 및 소수민족문제에 관한 연방회의 위원회 위원, 연방회의 활동지원에 대한 통제위원회 위원으로서, 마가단주 두마에서 선출된 대표자이다. 1949년 4월 6일생으로서, 2004년 9월 25일 선출되었고 2005년 5월 임기가 만료된다. 꿀라꼬프는 의회활동 내규 및 조직에 관한 연방회의 위원회 위원, 과학, 문화, 교육, 보건 및 환경에 관한 연방회의 위원회 위원, 연방회의 활동지원에 대한 통제위원회 위원장으로서, 마가단주 행정부에서 임명된 대표자이다. 1948년 11월 2일생으로서, 2003년 3월 26일 임명되었고 2008년 2월 임기가 만료된다.[4)]

3) 연방주체의 수장 선거

2003년 2월 2일 찌베트꼬프의 사망과 관련하여 정해진 마가단주 지사의 선거가 성립되었다. 12명이 입후보했고 투표는 두 번에 걸쳐 실시되었다. 결선투표는 2003년 2월 16일에 실시되었다.

후 보 명	출생년도	선거당시 직위	득표율(%)
바갈로바(Багалова Т.К.)	1952년생	로스셀방크 마가단 지부 이사	0.71
골루봅스끼(Голубовский П.В.)	1961년생	태평양 수산업 회사의 부이사장	0.22
그리샨(Гришан Ю.Ф.)	1957년생	<엘라이> 이사장	1.31
두도프(Дудов Н.Н.)	1952년생	마가단주 행정부 수석 부지사	26.04
진첸꼬(Зинченко А.А.)	1970년생	<마가단 무역항>의 이사장	10.20
까르뻰꼬(Карпенко Н.Б.)	1949년생	마가단 시장	37.55
마르꼬프(Марков В.Н.)	1957년생	<노르트-오일> 생산담당 이사	3.66

4) Каликян Вячеслав Адравасович. http://council.gov.ru/sostav/ member/m10818.htm; Кулаков Владимир Федорович. http://council.gov.ru/ sostav/member/m10698.htm.

사모일로프(Самой лов В.А.)	1946년생	<피라미다> 이사	0.26
세르비노프(Сербинов В.Ю.)	1957년생	АКБ <나제즈늬> 부의장	0.99
세치낀(Сечкин А.А.)	1960년생	기업가	8.97
치르낀(Чиркин А.Е.)	1958년생	<마가단 그룹> 이사장 보좌역	1.33
샤미란(Шамирян Г.Л.)	1968년생	<스쩨기> 이사장	1.79

지사 선거에는 등록된 유권자의 53.69%가 참여했다. 모든 후보에 대한 반대에는 5.78%가 투표했다.

2월 16일 상위 두후보를 대상으로 결선투표가 진행되었다. 두도프는 50.41%를, 까르뻰꼬는 42.38%를 각각 득표했다. 지사 선거에는 등록된 유권자의 52.22%가 참여했다. 모든 후보에 대한 반대에는 6.20%가 투표했다. 마가단주 지사로는 두도프가 당선되었다.5)

5) Регионы - Губернаторские выборы в 2003 году - Магаданская область. http://i1600.100mb.ru/~grankin/archiv/reg49el.htm.

Ⅳ. 경제시스템

1. 경제개황

마가단주는 7개의 연방지구 중 중앙연방지구에 속하고 12개의 러시아 경제지역 중 극동경제지역에 속한다. 마가단주는 막대한 양의 지하자원을 보유하고 있으므로 이 지역의 경제를 부흥시키기 위해서는 자원개발을 위한 장기간의 계획과 외국의 투자자원 유치, 러시아 연방정부로부터의 지속적인 재정지원이 필요하다. 최근 외국인 투자를 유치한 사례로는 구바크 매장지에 위치한 미국과의 합자회사인 '싸이쁘루스 아멕스'가 있다. 이 외에도 주정부차원에서 외국투자유치를 위해 적극적인 노력을 하고 있다.

이 지역은 해상여건이 뛰어난 반면 육상의 철로는 거의 발달되지 못했다는 특성을 가지고 있다. 러시아의 기타 지역으로의 주요 운송수단으로는 자동차와 해상운송수단 및 항공로를 이용하고 있다. 특히 껄림스크 도로의 경우 그 길이가 1,400 킬로미터로 이 지역의 다양한 화물 이용의 주요 경로가 되고 있다. 또한 가장 중요한 운송수단으로는 마가단 항구와 마가단 국제공항이 있다.

마가단주의 전체지표인 지역총생산은 러시아대비 0.3%의 규모를 가지고 있다. 이것은 평균에 미치지 못하는 작은 규모의 경제이다. 이 지역총생산이 어떻게 변화되어 왔는지를 살펴보는 것은 매우 중요하다. 마가단주의 지역총생산과 1인당 지역총생산을 보면 다음과 같다.

마가단주 지역총생산액 추이

항목 \ 년도	1996	1997	1998	1999
지역총생산	5,466	6,231	6,707	11,329
1인당 지역총생산	21,470	25,084	27,633	47,942
지역총생산 지수		97.0	81.1	97.0

http://www.infostat.ru/epub.htm (검색일: 2003.1.10)

마가단주의 지역총생산의 주요구성 비율을 보면 공업부문이 절반이상의 비율로 상대적으로 우위를 점하고 있으며 약 51.7%에 이르고 있다. 그 외 농업이 0.9%에 이르고 있고 건설, 운송, 유통이 각각 4.6%, 4.5%, 8.7%에 이르고 있다.

마가단주의 기업부문의 지표에 있어 총 기업수와 소 기업수 그리고 공업활동기업수를 연도별 추이로 살펴보면 다음과 같다.

기업수 추이

항목 \ 년도	1997	1998	1999	2000
총기업수	8,379	8,686	9,030	9,390
소기업수	1,968	2,215	3,212	2,903
활동기업수	550	718	411	939

http://www.infostat.ru/epub.htm (검색일: 2003.1.10)

이들 기업 외에도 외국계 은행들이 각 기업의 시장경제의 인프라를 제공하고 있다. 현재 왕성히 활동을 하고 있는 은행으로는 일본 및 미국등지에서 들어온 8개의 은행과 34개의 지점들이 있다.

2) 산업

(1) 공업

마가단주의 공업은 특징적으로 대부분 유용광물자원의 채굴과 관련이 있다. 이 지역에는 대규모의 공업중심지가 위치하고 있지 않다. 총 공업생산량과 공업생산지수를 연도별 추이로 보면 다음과 같다.

총 공업생산량 추이

항목 \ 년도	1997	1998	1999	2000
총 공업생산량	4,371	4,022	8,054	10,728
공업생산 지수	103	96	104	101

http://www.infostat.ru/epub.htm (검색일: 2003.1.10)

마가단주의 공업부문에서 가장 큰 의미를 지니는 부분은 금 채굴 부문이다. 이 지역에는 막대한 양의 금과 은이 매장되어 있기 때문이다. 더불어 두 번째의 위치를 차지하는 분야는 어업분야로 이는 모든 공업의 25%의 비중을 차지하며 러시아 시장뿐만 아니라 해외에도 활발히 수출된다. 기타 다른 부문의 공업은 이 지역의 보충적인 부문에 불과하다. 구체적인 부문별 비율을 살펴보면 다음과 같다.

주요 공업생산부문별 생산비율

생산부문	마가단주 총공업생산 비율
전기전력	15.3%
연료공업	1.1%
비철금속	66.4%
기계제작 · 금속가공	1.5%
목재가공, 종이 · 펄프	0.3%
건재공업	0.9%
경공업	0.1%
식품공업	14.0%
기타	0.4%

http://www.infostat.ru/epub.htm (검색일: 2003.1.10)

(2) 농업

마가단주의 농업은 기후여건이 우수하고 수자원이 풍부하여 농업발달에 적절한 여건을 갖추고 있다. 그러나 이 지역에서 생산되는 생산품이 전체 수요의 50%밖에는 충족시킬 수 없으므로 나머지 50%의 식료품은 기타 지역에서 반입하고 있다.

마가단주의 농업단지는 농산품 생산, 식품 가공과 생산 인프라, 농경 등에 초점을 두고 있다. 농업부문에서 특징적인 것은 사슴사육, 목축과 역사적으로 진행되어온 수렵, 어로 등이다.

마가단주의 농업전반을 보기위해 총 농업생산량과, 총 농업생산액 중 작물관련 생산액, 총 농업생산액 중 가축관련 생산액을 연도별 추이로 살펴보면 다음과 같다.

농업생산량 추이

항목 \ 년도	1997	1998	1999	2000
총농업생산액	229.1	206.2	287.4	372.5
작물관련 생산액	116.5	112.5	162.2	218.1
가축관련 생산액	112.6	93.7	125.2	154.4
농업생산 지수	79	77	91	83

http://www.infostat.ru/epub.htm (검색일: 2003.1.10)

마가단주의 총 경지면적에서 재배되는 각 작물의 면적비율을 살펴보면 주요 농산물과 기여도를 파악할 수 있다. 마가단주의 총 파종면적을 보면 2000년을 기준으로 1만 1,700 헥타르이고 여기에 주로 파종되는 작물 종류를 보면 사료용 작물재배가 81.6%로 거의 모든 파종의 비중을 가지고 있고 그 외에도 감자와 채소가 18.4%를 차지하고 있다.

마가단주의 농업생산에 있어 2000년의 주요 생산품목의 비율을 살펴보면 다음과 같다.

감자-1만 3,100 톤; 채소-3,800 톤; 가축 (도살 후 무게)-500 톤; 우유- 5,800 톤 등이다.

그러나 전체적으로 마가단주의 농업을 평가해보면 농경부문의 재정이 불충분하여 적자상태를 지속하고 있는 실정이다. 따라서 이 지역의 농경부문의 활성화를 위하여 자본 유입이 필수적이라고 할 수 있다.

3) 자원 등 기타

마가단주는 전 세계에서 유용 지하자원의 발굴이 가장 많은 지역으로 알려져 있다. 이 지역의 기본적인 자원은 금이며 이 외에도 은 매장지와 주석 매장지에 대한 작업도 진행 중이다. 마가단주에는 2,000개 이상의 사금층이 있고 100개 이상의 금광이 있으며 48개의 은광이 있다. 마가단주의 금 매장량은 전체적으로 4,000톤에 이르는 것으로 평가되고 있다. 은의 주요매장지는 두까트 매장지가 있으며 매장량은 1만 4,800톤이고 마가단주에 매장된 전체 은 매장량은 8만 톤 이상으로 진단되고 있다.

마가단주에는 이러한 귀금속류이외에 구리, 석탄, 탄화수소 원료도 매장되어 있다. 특히 석유와 가스에 대한 전망이 매우 높게 평가되고 있으며 아호쯔크해 경계부근에는 29개의 석유가스매장구역이 추정된다. 이곳의 석유매장량은 12억 톤, 가스는 15억 톤㎥으로 평가되고 있다.

마가단주의 영토는 고산지대의 자연단지, 툰드라 및 산림•툰드라의 중간지대의 자연단지, 타이가 지역의 자연단지로 나눠진다. 고산지대는 돌이 많은 황야로 식물은 풍부하지 않고 단지 지의류가 있을 뿐이다. 고산지대에서 좀 더 내려온 지역은 툰드라지대로 버드나무 숲을 만날 수 있다.

마가단주의 대부분의 지역은 툰드라지역이다. 이 지대에는 나무들의 양이 적다. 삼림툰드라지대는 툰드라와 타이가의 중간지대로 작은 다우르활엽수를 볼 수 있다. 그리고 타이가지대에서는 자작나무, 향기로운 포플러 등이 서식한다.

마가단주의 동물계 역시 매우 풍부하고 다양하다. 삼림지대에는 북부 타이가지대에 서생하는 동물들이 살고 있으며 툰드라와 삼림툰드라지대에는 설백의 양들, 야생의 사슴, 오소리, 여우, 늑대 등이 서생하고 있다.

V. 문화시스템

1. 지역정체성

1) 인구

마가단주의 2001년도 인구수는 234,000명이다. 인구수는 다른 연방 주체들과 마찬가지로 1990년대부터 점차 감소하는 추세이다. 1990년부터 출생자수는 대폭 감소한 반면, 사망자수의 감소폭은 미미하여, 전체 인구의 감소에 절대적인 영향을 미치고 있다.

마가단주 인구변동 추이

연도	1990	1992	1993	1994	1995	1996	1997	1998	1999	2000	2001
인구수 (1,000명)	390	370	333	313	286	264	257	252	246	239	234

Россий ский статистический ежегодник. Госкомстат России. М., 2001. С. 83.

인구 자연증가율은 대부분의 다른 연방 주체에서와 마찬가지로 1990년 이후 지속적으로 하락하고 있다.

마가단주 출생자수, 사망자수, 자연증가율

연도	출생자수(명)	사망자수(명)	자연증가율(명)
1990	5,282	2,179	3,103
1992	3,479	2,695	784
1993	2,788	3,513	-725
1994	2,455	3,262	-807
1995	2,234	2,927	-693
1996	2,133	2,668	-535
1997	2,105	2,104	1
1998	2,143	2,023	120
1999	1,933	2,200	-267
2000	1,925	2,345	-420

Россий ский статистический ежегодник. Госкомстат России. М., 2001. С. 123.

마가단주의 주요 산업은 금광업, 어업 등이다. 실업률은 1996년부터 1999년까지 지속적으로 상승하다가, 2000년도를 고비로 하강세를 보이고 있다.

마가단주의 경제활동 인구 및 취업률, 실업률은 다음과 같다.

마가단주 경제활동인구(취업자, 실업자), 실업률

연도	경제활동인구 (1,000명)	취업자수 (1,000명)	실업자수 (1,000명)	실업률(%)
1992	193	181	12	6.3
1993	174	163	11	6.3
1994	155	138	17	10.9
1995	146	132	14	9.7
1996	147	132	15	10.4
1997	136	118	19	13.6
1998	142	117	25	17.9
1999	147	117	30	20.4
2000	144	129	16	10.8

Российский статистический ежегодник. Госкомстат России. М., 2001. С. 140.

2) 민족

마가단주에는 60여 민족이 거주하고 있으며, 주요 민족 구성을 보면, 러시아인 75.2%, 우변강주나인 14.9%, 벨라루스인 1.9%, 따따르인 1.5%, 에벤인 0.6%, 꼬랴크인 0.2%, 축치인 0.2%, 에스키모인 0.02%, 추반인 0.01%, 몰다비아인 0.4%, 부랴트인 0.3%, 추바슈인 0.3%, 오세트인 0.3%, 모르드바인 0.2% 등이다.

3) 교육

마가단주에는 북부 국제대학교, 법률 아카데미 분교, 모스크바 국립대학 분교 등 3개 대학이 있으며, 마가단주의 연구소로는 러시아 과학아카데미 극동지부 동-북 종합연구소, 북부 생물학 연구소, 동-북부 농업 마가단 지역 연구소, 국제 연구센터 '아르크티카', 태평양 어업 및 해도제작 연구소 분소 등이 있다. 현재 마가단시에만 40개 취학전아동교육기관이 있으며, 중등학교 30개, 특수직업학교 4개, 김나지움 4개, 전문학교 7개와 의과대학, 예술학교가 설치되어 있다.

2. 지역문화

1) 문화 개괄

주에는 국립 예술 학교가 40년 동안 운영되어 왔으며 7개의 과에서 백여 명이 공부하고 있다. 이 학교는 어린이 음악 학교와 예술학교, 클럽 등의 일꾼들을 양성하며 그 졸업생 중에는 세계적으로 유명한 작곡가 블라지슬라프 졸로따료프(Владислав Золотарёв)가 있다. 주에는 모두 31개의 어린이 예술(음악, 미술, 합창)학교가 있으며 모두 4천여 명의 어린이들이 공부하고 있다.

마가단주에는 66개에 달하는 많은 국립 도서관이 연계되어 운영되고 있으며 이 중 푸쉬킨 기념 종합 연구 도서관, 어린이 도서관, 청소년 도서관 등 3개는 주립 도서관이다. 전체적인 도서량은 3만점에 달하며 13만 2천여 명의 주민들이 이용하고 있다. 푸쉬킨 기념 도서관은 인터넷 반을 운영하여 가능한 한 많은 수의 주민이 인터넷 자료를 이용할 수 있도록 하고 있다.

주에는 49개의 클럽과 '문화의 집'이 있으며 528개의 클럽 연합에 7천5백 명의 사람들이 참가하고 있다. 민속 창작, 여가 생활 주립 센터가 그들의 활동을 돕고 있다.

주립 문화센터에서 여러 지역의 문화 창작과 문화 활동에 대한 성과 보고서를 내는 것은 이제 정례적인 일이 되고 있다. 2000년도에는 마가단시에 텐킨 지역의 예술 창작 단체가 와서 공연을 했고 2001년에는 야고드닌 지역 예술 창작 단체가 마가단을 찾았고, 2002년에는 마가단주의 예술 창작 단체가 수수만 지역에까지 가서 공연을 벌였다.

시베리아 토착 민족의 예술을 선전하고 발전시키는 일은 전과 다름없이 시베리아 지역의 중요하고 의미 있는 과제로 남아있다. 에벤식으로 새해를 보내는 민족 명절인 '헤브데넥'은 마가단주의 한 전통으로 자리잡았다. 최초로 치러진 코랴크 민족 명절인 '훌롤로'는 다른 민족들과 연합하여 치러진 모범적인 예가 되었다.

2) 문화시설

마가단주에는 4개의 박물관이 있다. 주립 지역학 박물관, 중앙 칸 지역의 지역학 박물관, 그리고 마가단시에 위치한 꼬진(В. А. Козин) 박물관이다.

상설 전시관 외에도 한 해에 20번 이상의 전시회가 개최된다. 한 해에 박물관을 찾는 관람객 수는 2만3천여 명에 이른다.

마가단 역사에 관한 것은 지역학 박물관에 보존되어 있다. 마가단 주립 지역학 박물관의 독보적인 소장품들은 자연과학 분야의 소장품, 고고학 유물, 민속학 유물, 고화폐, 실용 장식예술과 조형예술에 관한 분야이다.

마가단주에는 역사적 문화 유적들이 풍부하다. 이 험악한 지역에는 매우 오래전부터 사람들이 살기 시작했다. 이 사실은 76개의 유명한 고고학 유물들이 증명하고 있으며 그들 중 가장 오래 된 것은 북에벤 지역에 자리한 우스트 예레브찬 고대 유적으로 약 5000년 정도 되었다.

역사 문화 유적 장부에는 199점이 등록되어 있다. 유명한 역사적 위인들의 묘와 다수의 역사 문화 유적들은 이 지방의 형성과 발전과정을 보여주고 있다. 마가단 주에는 건축 면에서는 안타깝게도 별달리 주목할 만한 것이 없다. 이 곳의 집은 살기 위한 것이었지 아름답게 치장하기 위한 것이 아니었으므로 주택들은 모두 비슷하고 평범하다. 오래된 건축물들은 역사적 가치가 있음에도 불구하고 새로운 건물을 짓기 위해 파괴되었다.

주의 명물인 「슬픔의 마스크」

이차 세계대전에 참여한 북쪽 사람들을 기념하여 '기억의 매듭'과 게오르기 빠베다노세츠(Георгий Победоносец) 예배당이 세워졌다. 정치적 탄압에 희생된 사람들을 추모하여 예른스트 니이즈베스느이(Эрнст Неизвестный)의 조각품 「슬픔의 마스크」(Маска скорби)가 창작되었다. 정치적 희생양이 된 사람들을 추모하기 위해 마가단을 굽어보는 높은 언덕 위에 서 있는 「슬픔의 마스크」를 많은 사람들이 찾는다.

마가단 역사에 관한 것은 지역학 박물관에 보존되어 있다. 마가단 주립 지역학 박물관의 독보적인 소장품들은 자연과학 분야 소장품, 고고학 유물, 민속학 유물, 고화폐, 실용 장식예술과 조형예술에 관한 분야이다.

(1) 고리끼 마가단 드라마극장

1932년에 개선 노동 진영의 북동 지역 지도부 클럽 산하에 극단이 조직되었다. 1934년에 금과 백금 채취 조합의 근로자 클럽 배우들이 데뷔하게 된다. 이 두 그룹이 형성된 결과 드라마 극장이 조직되었으며, 1938년 6월 고리끼(M.Горький) 기념 극장이라는 이름을 갖게 된다.

그 무대에는 정치적 희생양이 된 배우들이 출연하였는데 유명한 가수인 꼬진(B. Козин), 모스크바 예술 극장의 배우이자 후에 러시아 인민 배우가 된 깔쪼프(Ю. Кольцов), 주제노프(Г. Жуженов) 등이 그들이다. 이 극장의 무대에서 연출가인 바르빠홉스끼(Л. Варпаховский), 무대예술가 슈하예프(B. Шухаев), 발레 연출자 가밀톤(H. Гамильтон)과 지휘자 나르바(X. Нарва)가 빛나는 재능을 발휘했다. 배우들은 항상 먼 북부지방들을 순회하며 어부들을 위로하였다. 오랜 시간 동안 이 극장은 음악과 드라마 겸용 극장으로 전문화되어 공연하고 있다.

(2) 마가단 국립인형극장

이 극장은 1977년 설립되어 어린이 집과 학교, 피오네르 숙소 등에서 공연하였고 먼 북쪽 지방의 부락에서도 순회공연을 하였다. 축치 지방 이야기를 포함한 많은 옛날이야기들을 상연물로 올리고 있다. 유명한 창작극으로 수뽀닌(M. Супонин)의 「부까」와 게르네트(H. Гернет)의 「구세녹」이 있으며, 러시아 민담 「레쁘까」, 「산타클로스」 등이 상연되고 있다.

싸하 공화국

Республика Саха

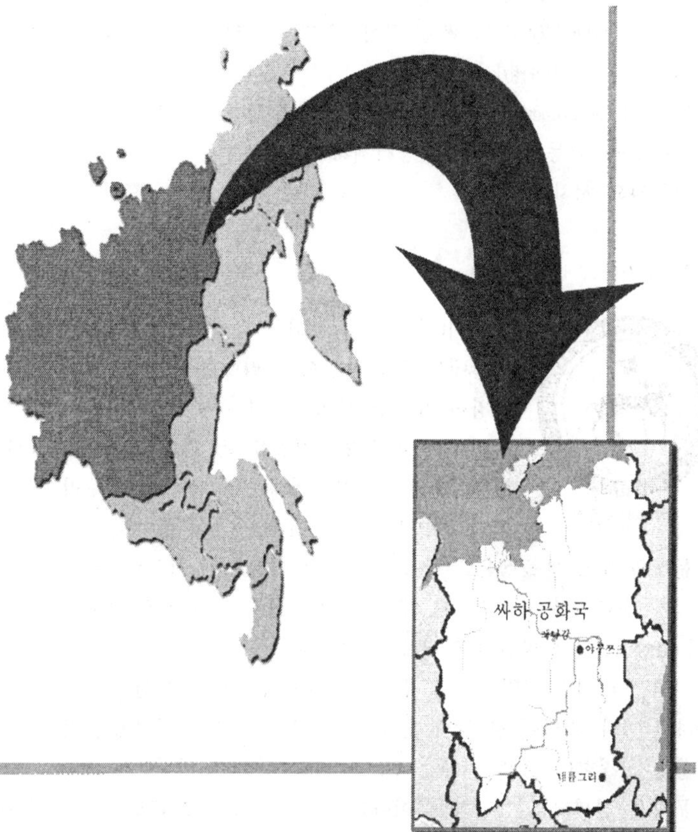

Ⅰ. 개황

1. 기초정보

공화국 성립일: 1991년 12월 28일.

• 1922년 4월 27일 - 야꾸찌야 소비에트 사회주의 자치공화국

수도: 야꾸쯔크(Якутск)

인구: 986,000명(2001년 현재: 러시아연방 전체의 0.68%; 89개 주체 중 53위)

인구밀도: 0.314명/㎢

면적: 3,130,200㎢(러시아연방 전체 면적의 18.17%; 89개 주체 중 1위)

소속지구: 극동연방지구; 극동경제지구

한국과의 시차: 0시간

2. 상징

싸하 공화국 문장

싸하(야꾸찌야) 공화국 문장은 원반형으로 제작되어, 중앙에는 7개 사방형 크리스탈 모형의 전통적인 민족 문양이 새겨진 태양원반의 바탕에(레나강의 바위에 새겨진 그림에서 딴) 깃발을 든 고대 기마상이 묘사되어 있다. 태양은 은빛, 기마상은 암적색, 테두리는 암청색이며, 기마상은 백색이다.

문장의 주요 엠블렘은 깃발을 든 기마상이다. 이는 1745년 러시아 과학아카데미 시베리아 대탐사 때 베르흐노렌스크시의 상부에 위치한 시슈끼노(Шишкино)에서 발견된 암벽화 중 하나이다.

그림은 바이칼 지역에서 밀려난 야쿠트족 선조인 꾸름친족들의 목축을 묘싸하고 있다. 깃발에 달린 세 개의 꼬리는 꾸름친족을 구성하는 세 종족들의 통합을 상징한다. 깃발 자체는 민족의 힘과 존재를 과시하는 상징이다.

문장을 감싸고 있는 7개 다이아몬드 크리스탈은 고대로부터 야꾸찌야에 거주하는 야꾸트인, 러시아인, 에벤크인, 에벤인, 축치인, 돌간인, 유까기르인 등 7개 민족의 통합을 의미한다. 싸하 공화국의 문장은 1992년 12월 26일 채택되었다.

싸하 공화국 국기

싸하(야꾸찌야) 공화국 국기는 길이가 동일한 4색(청색, 백색, 적색, 녹색) 띠가 드리워진 장방형 천으로 제작되었다. 띠 너비의 깃발 너비에 대한 비율은 각각 3/4, 1/16, 1/16, 1/8이며, 청색 띠 중앙에는 백색 원이 묘사되어 있는데, 원의 직경은 깃발 가로 길이의 2/5, 세로의 1/2이다. 싸하 공화국 국기는 1992년 10월 14일 채택되었다.

3. 주요도시

야꾸쯔크(Якутск): 인구 192,500명; 북위 62°10′, 동경 129°50′
네륜그리(Нерюнгри): 인구 69,100명; 북위 124°40′, 동경 56°41′
미르니(Мирный): 인구 34,400명; 북위 62°31′, 동경 113°57′
렌스크(Ленск): 인구 26,200명; 북위 60°44′, 동경 114°55′
알단(Алдан): 인구 20,500명; 북위 58°37′, 동경 125°23′
(인구: 2002년 현재)

4. 주요 산업 및 농업

공화국의 주요 산업으로 원자재 채굴 및 가공, 비철금속공업, 석탄산업, 전력산업, 임업, 목재가공업, 건축자재업, 경공업, 식료품산업, 선박수리 등이 발달했으며, 농업부문은 모피, 낙농업, 감자, 야채재배, 북부지역의 사슴사육, 모피동물 사육, 모피가공업 등이 발달했다.

Ⅱ. 자연환경

1. 지리적 위치와 구성

싸하 공화국(또는 야꾸찌야)은 33개 행정구, 11개 시, 68개 도시형마을, 354개의 농촌마을로 구성되어 있으며, 러시아연방 아시아 지역 동 시베리아 북부에 위치하며 남북의 길이는 약 2,000㎞, 동서의 길이는 2,100㎞이다.

마가단주, 하바로프스크 변강주, 아무르주, 치따주, 이르꾸쯔크주, 끄라스노야르스크 변강주, 추꼬트까 자치구와 경계를 이룬다. 싸하 공화국은 라프쩨프해, 동 시베리아해에 연해있다. 지역의 40% 이상이 극지대에 접해 있으며 높지 않은 산과 고원으로 이루어져 있다.

공화국 내에는 북빙양으로 흘러가는 많은 강이 있는데 그중 가장 큰 강이 레나강이고 그 지류인 알단(Алдан), 빌유이(Вилюй), 올레끄마(Олекма), 야나(Яна), 인지기르까(Индигирка), 꼴리마(Колыма)강 등이 있다. 그밖에 70만개 이상의 호수가 있다. 토양은 항상 얼어있는 타이가의 토양이며 지역의 약 80%가 타이가 지대에 속한다. 숲이 차지하는 면적은 1억 3,800만 헥타르이다. 나무는 다우르 낙엽송이 주종(89%)을 이룬다.

수도 야꾸쯔크(Якутск)와 모스크바 간의 거리는 8,468㎞이다.

2. 기후조건

대륙성 혹한 기후. 겨울은 길고 혹독하게 추우며 눈이 적다.

1월 평균기온: -28(아르끄찌체스크 해안) ~ -50℃(베르호얀스크 지역, 오이먀꼰은 -70도까지 떨어짐)

7월 평균기온: 2 ~ 19℃

연강수량: 200 ~ 700㎜

식물 생장기간: 70 ~ 90일(중앙 부분), 60일(남부 지역 알단스크 고원)

식생: 타이가(영토의 80%), 툰드라, 삼림과 툰드라의 중간 지대

토양: 동결 타이가 토양

삼림분포도: 47%

3. 주요 유용광물

다이아몬드, 금, 운모, 갈탄, 석탄, 철광석, 천연가스, 주석, 볼프람, 다금속광, 전기석영, 수은, 안티몬, 인회석 등이 있다.

주요 산지:

다이아몬드: 빌류이(Вилюй), 올레네크(Оленек), 아이할로-우다치닌스끼(Ай хало-Удачнинский).

금: 알단스크, 주그주르스크(Джугджурск), 인지기르스크(Индигирск).

주석: 제뿌따쯔크, 쩬겔리, 일린-따스, 알리스-하야(Алыс-Хая), 부르고찬스크(Бургочанск).

안티몬: 쎈따찬스크(Сентачанск), 씨릴라흐스크(Сырылахск).

볼프람: 아길낀스크(Агылкинск).

납-아연: 싸라다나(Сарадана).

천연가스: 스레드네-빌류이스크(Средне-Вилюй ск), 스레드네-보뚜오빈스크 (Средне-Ботуобинск), 마스따흐스크(Мастахск).

운모: 찜프똔스크(Тимптонск), 엘꼰스크(Эльконск).

석탄: 출-마깐스크(Чуль-маканск), 네륜그리, 무아스따흐스크(Мкастахск).

철광석: 삐오네르스크(Пионерск), 씨바글린스크(Сиваглинск), 따요주노예 (Таежное).

인회석: 쎌리그다르스크(Селигдарск).

Ⅲ. 정치시스템

1. 역사

현재의 야꾸찌야 영토에는 오랜 옛날부터 인간이 거주했다. 싸하 공화국의 고고학자들에 의해 고대의 인간은 이미 초기 구석기 시대에 야꾸찌야에 거주했다는 설이 정립되어 있다. 역시 그때 첫 번째 고고학적 유물들이 등장했는데 30만 년 전에서부터 3백만 년 전까지의 흔적으로 기록된다. 이 가운데 가장 유명하고 잘 연구된 것은 레나강 중류에 위치한 디링-유라흐의 유적이다. 디링-유라흐 정주지에서 야꾸찌야 고고학자들의 놀라운 발견은 현대적 유형의 인류 형성이 여기에서 3백 20만년 - 1백 80만년 전에 시작되었다는 전제를 말할 수 있게 했다. 디링-유라흐의 석기들의 연도는 아직 설득력 있는 증거를 획득하지 못했고, 당분간 가장 오래된 고고학적 발견물은 30만 년 전으로 기록된다.

기원전 천년대 중반부터 야꾸찌야의 영토에는 에벤과 에벤크족의 선조들이 등장했다. 고대의 퉁구스어족의, 사냥과 사슴목축에 종사하는 이들이 자바이칼과 아무르연안에서부터 북쪽으로 진출하게 된 것은 동부 시베리아에 나타난 터키어족의 목축에 종사하는 종족들에 의해서였다.

13세기경 퉁구스종족은 레나강 중부, 빌류에, 올레끄메에 산재되었다. 레나지역으로 야꾸트족의 선조가 오면서 그들은 레나강으로부터 서쪽으로 그리고 동쪽으로 떠날 수밖에 없었고 또한 레나강 하류지역으로 움직여야 했다. 퉁구스족의 일부는 오호츠크해로 떠나면서 꼴리마강과 인디기르까 강변에 산재되었다. 유까기르 및 꼬랴크족과 혼재되면서 그들은 새로운 민족, 에벤을 구성하게 되었다.

공화국의 토착민족 가운데 가장 규모가 큰 야꾸트족(자체 명칭은 '싸하')은 언어, 전통적 문화, 신체적인 외관에서 특징적이다. 야꾸트어가 터키어에 속함에도 불구하고 이 언어에는 몽골어 단어가 25.5%를 차지하고 대략 4%가 퉁구스-만주어 계통이다.

야꾸트족(또는 남부 시베리아의 터키어를 말하는 민족들)의 인종적 기원에는 스키파-훈족의 요소를 찾아볼 수 있다. 이 시각에서는 인종적 기원이 자신의 뿌리에 의해 남부 시베리아와 중앙아시아의 고대 유목민족의 전반적인 지역문화로 나아간다. 이 문화는 시베리아에서 터키어를 말하는 일련의 민족들의 형성에 기반이 되었다.

토착민족들의 운명에서 역사적 의의를 갖는 것은 야꾸찌야의 러시아 국가로의 편입이었다. 17세기 1/4세기에 까자크-개척자는 레나강변에 다달았다. 러시아족에 의해 야꾸츠크, 진간스크, 베르호얀스크, 자쉬베르스크, 스레드네꼴림스크 등이 건설되었고, 이는 동북아시아, 극동, 북서 아메리카로의 러시아족의 팽창의 기지가 되었다.

1632년 레나강 오른쪽 강변에는 미래의 야꾸츠크, 즉 현재 싸하 공화국의 수도가 될 야꾸츠크 촌락이 세워졌다. 이 시기는 야꾸찌야가 러시아 국가에 편입된 시기로 간주된다. 1638년 야꾸츠크 향이 구성되었고 이후 이르꾸츠크현의 야꾸찌야 지방으로(1775년), 야꾸츠크주로 개편되었다.

18세기에 토착주민들의 광범위한 기독교화가 일어났다. 정교회의 활동과 관련되는 것은 야꾸찌야의 대중교육과 민중계몽의 발전에 관련되며, 민족언어로 된 문학의 출현, 문명 간 상호작용 과정의 심화와 관련된다. 러시아족의 농민-이주민들은 북부의 경작을 시작했고 여기에 북부 민족들을 참여시켰다.

야꾸찌야 역사의 분리된 페이지는 유배지이다. 유배는 이미 1640년대부터 시작되었다. 처음에는 많은 이들이 '경작지로', '근무지로', '교외로' 보내졌다. 19세기부터 야꾸츠크 유배지는 상당부분이 정치적이 되었다. 유배지에는 데카브리스트, 1863년 폴란드 반란의 참여자들, 민중주의자들, 사회민주주의자들이 유배당했다.

러시아 국가 소속으로 야꾸찌야가 편입되는 순간부터 지역주민들은 항상 법률과 조약에 기반한 상호관계의 정립, 자치권리의 획득을 추구했다. 그러나 야꾸찌야와 관계되는 러시아 제국의 정책에서는 중앙권력의 이해가 우선시되었다. 20세기까지 공화국 경제의 기반을 구성한 것은 목축, 사냥관련 소상품들, 소규모의 식품업이었다.

20세기에 야꾸찌야는 경제적으로는 후진적이고 정치적으로는 무권리지대에 속했다. 그 붕괴는 20세기의 20년대에, 즉 1922년 4월 27일 러시아 사회주의공화국 소속으로 야꾸찌야 자치소비에트 사회주의공화국이 구성되면서 일어났다. 이러한 결정은 자치공화국의 틀 내에서 국가성의 형성을 위한 규범적, 헌법적 기반을 주었다. 희망과 노력의 기간을 야꾸찌야 민족은 막심 암모소프(M. K. Аммосов)와 연관시킨다. 그는 자율적인 야꾸찌야의 건설자 가운데 한사람이었다. 이때부터 공화국은 경제적, 사회적 그리고 정신적 발전의 복합적인 역사적 도정에 들어갔다.

야꾸찌야 역사의 소비에트 시기는 풍부한 자연자원의 광범위한 산업적 활동과 관련되며, 그 시작은 20년대 알딘스크 금 산지의 개발이었다. 30년대에는 북해 항로의 이용이 시작되었고 레나강 하류에는 항구 찌크시가 건설되었다. 50년대에 공화국 서부에서 다이아몬드 산지의 개장과 함께 강력한 다이아몬드 채굴산업 하부구조가 건설되었다.

야꾸찌야 역사의 새로운 단계는 1990년 9월 27일 시작되었다. 이때 공화국의 전 주민은 국가주권에 관한 선언을 지지했다. 1991년 10월 대통령 직위가 신설되었다. 싸하 공화국의 첫 번째 대통령으로 1991년 10월 니꼴라예프(M. E. Николаев)가 되었다. 역시 이때 공화국의 명칭은 싸하(야꾸찌야) 공화국으로 바뀌었다.[1)]

2. 권력기관

1) 전체 통치구조상의 특징

싸하 공화국에서 국가권력은 입법, 집행, 사법권력의 분립과 동등한 비중의 원칙에 따라 활동한다. 국가는 인류보편의 그리고 민족적 가치의 결합과 조화의 기반에서 민주주의, 사회적 정의를 원칙으로 자신의 활동을 실현한다.

싸하 공화국에서 국가권력을 실현하는 것은 그것을 구성하는 국가권력기관이다. 법률로 정해진 절차에 따라 구성되는 국가권력기관들은 싸하 공화국 국가권력의 단일한 체계를 구성한다. 싸하 공화국은 그 최고 국가권력기관을 수장으로 권한 있는 인민의 대표자이며 그 의지를 표출한다. 국가권력기관과 그 공직자는 시민과 사회 앞에 책임이 있다.

싸하 공화국의 최고 국가권력기관은 싸하 공화국의 국회, 싸하 공화국의

1) 싸하 공화국의 역사부분은 다음을 번역, 정리한 것이다. Человек заселил территорию соврем Якутии в глубокой древности... http://sakha.gov.ru/print. asp?c=1553. (2004년 5월 8일 검색)

대통령, 싸하 공화국의 헌법재판소이다. 권력분립의 원칙에 따라 싸하 공화국의 최고 국가권력기관들은 독자적으로 기능한다.

2) 집행기관: 싸하(야꾸찌야) 공화국 대통령과 정부

공화국 대통령은 공화국 수반으로서 그 최고지도자이며 공화국의 집행권력을 지휘한다. 공화국 대통령은 공화국의 민족적-국가적 지위와 영토적 완전성의 보장자이며, 공화국의 헌법과 법률의 준수, 그리고 공화국이 채택된 공화국간 그리고 국제적인 의무의 준수를 보장한다.

공화국 대통령은 선거권을 준수하는 30세 이상의 시민이 선출될 수 있다. 공화국 대통령은 5년 임기로 선출된다. 동일인물이 두 번을 초과하여 공화국 대통령으로 선출될 수 없다. 싸하 공화국 대통령 후보는 유권자들에 의해 직접 혹은 선거단체 및 선거블록에 의해 추천된다. 취임 시 싸하 공화국 대통령은 국회에서 두 개의 국가언어로 선서를 한다.

싸하 공화국 대통령 불신임에 관한 결정은 싸하 공화국의 관련 법원의 결정을 기반으로 싸하 공화국의 인민대의원의 정해진 수의 3분의 1 이상의 발의에 의해 싸하 공화국의 인민대의원의 정해진 수의 3분의 2 이상의 찬성으로 채택된다. 싸하 공화국과 그 국민의 이해에서 나온 싸하 공화국 대통령의 활동은 그에게 죄를 물을 수 없다.

싸하 공화국 대통령과 동시에 싸하 공화국 부통령이 5년 임기로 선출된다. 싸하 공화국 부통령 후보를 정하는 것은 싸하 공화국 대통령 후보이다.

공화국 정부는 집행 및 운영 국가권력기관이다. 정부의 총리는 정부를 지도하며 그 업무를 조직한다. 공화국 정부의 지위는 헌법적 법률이 정한다. 싸하 공화국 정부는 새로 선출된 싸하 공화국 대통령 앞에서 자신의 권한을 중지한다. 국회의 신임을 받지 못한 싸하 공화국의 정부는 사퇴한다. 싸하 공화국 정부에 대한 불신임 문제를 제기할 권리는 싸하 공화국의 대통령과 국회에 속한다.

3) 입법기관: 싸하(야꾸찌야) 공화국의 국회

국회는 공화국 의회로서 대의, 입법 및 통제 국가권력기관이다. 국회는 상설적으로 활동하는 공화국 최고의 단일한 입법권력기관이다.

국회는 5년 임기로 선출된다. 국회는 선거구에서 선출되는 70명의 의원으로 구성되며 이들 중 12명은 북부의 토착 소수민족들이 밀집하여 거주하고 있는 지역을 갖고 있는 극지방에서 구성되는 선거구에서 선출된다. 직업적으로 상설적 기반에서 일하는 의원 수는 공화국의 헌법적 법률로 정한다.

싸하 공화국 인민대의원 선거는 비밀투표로 보통 평등 직접 선거권을 기반으로 진행된다. 싸하 공화국의 인민대의원으로는 21세에 다다르고 선거권을 갖는 시민이 선출될 수 있다. 직업적으로 상설적 기반에서 일하는 싸하 공화국 인민대의원은 학문, 교육 및 다른 창조적 활동을 제외하고 다른 유급 활동에 종사할 수 없다. 자신의 권한임기동안 싸하 공화국 인민대의원은 다른 대의권력기관의 의원, 판사가 될 수 없고, 연방법률이 달리 정한 바가 없다면 다른 국가직위, 국가업무의 국가직위, 시 직위에 종사할 수 없다. 싸하 공화국의 인민대의원은 의원활동의 실현과 관련되지 않은 활동을 위해 자신의 지위를 활용할 수 없다.2)

3. 대의정치

1) 러시아연방 대통령 선거

싸하 공화국에는 러시아연방 차원의 선거에서 하나의 선거구가 있다. 전체 유권자수는 러시아연방 국가두마의원 선거와 연방대통령 선거의 경우 57만명 안팎으로 집계되었다.

2000년 3월 26일 실시된 러시아연방 대통령 선거에는 유권자의 69.9%가 투표에 참여했고 뿌친이 투표참여 유권자의 52.5%의 지지를 획득했다. 주요 후보들의 득표율은 다음과 같다.

후 보 명	득표율(싸하 공화국,%)	득표율(러시아연방,%)
지리노프스끼	3.0	2.7
쥬가노프	30.2	29.3
뿌친	52.5	52.8
찌또프	0.8	1.5
뚤레예프	4.3	3.0

2) Конституция (основной закон) Республики Саха (Якутия). http://iltumen.ya1.ru/status.php?page=constitution. (2004년 5월 29일 검색)

야블린스끼	4.4	5.8
모든 후보에 대한 반대	1.7	1.9

출처: Приложение. Результаты голосования на президентских выборах 2000г. по регионам // Президентские выборы 2000 года в России / Под ред. Май ка Макфола, Николая Петрова и Андрея Рябова. М.: Московский Центр Карнеги, 2000; Выборы-2000 в цифрах и событиях. http://www.nns.ru /Elect-2000/result. (2005년 5월 13일 검색)

2) 러시아연방 연방의회

가) 러시아연방 국가두마(하원)의원 선거

1999년 12월 19일 실시된 러시아연방 국가두마의원 선거에서 정당별 투표에 참여한 유권자수는 368,799명으로서 전체 유권자의 63.92%를 차지했다. 싸하 공화국에서 정당별 투표의 최다득표자는 <단결(메드베드)>였다.[3)]

목록	득표수	득표율(싸하 공화국, %)	득표율(러시아 연방,%)
야블로코	12,483	3.38	5.93
단결(메드베드)	96,148	26.07	23.32
지리노프스끼 블록	22,584	6.12	5.98
조국-전러시아	36,993	10.03	13.33
러시아공산당	82,601	22.39	24.49
우파연합			8.52
모든 후보에 대한 반대	12,477	3.38	

나) 러시아연방 연방회의(상원)의 성원

싸하 공화국에서 선출된 러시아연방 상원의원은 마트베예프(А. С. Матвеев)와 니꼴라예프(М. Е. Николаев)이다. 마트베예프는 의회활동 내규 및 조직에 관한 연방회의 위원회 위원, 북부 및 소수민족문제에 관한 연방회의 위원회 수석부위원장, 정보정책에 관한 연방회의 위원회 위원으로서, 싸하 공화국의 국회에서 선출된 대표자이다. 1943년 2월 8일생으로서, 2003년 1월 2

3) 러시아연방 국가두마(하원)의원 선거결과는 러시아연방 중앙선거위원회 및 지역선거위원회의 사이트에서 제시된 것을 참조. Центральная избирательная комиссия Российской Федерации. http://cikrf.ru/. 자료에 대한 검색은 주로 2003년 10월부터 2004년 1월에 걸쳐 이루어졌다.

3일 선출되었고 2007년 12월 임기가 만료된다. 니꼴라예프는 연방회의 부의장, 사회정책에 관한 연방회의 위원회 위원, 연방회의 활동지원에 대한 통제위원회 위원으로서, 싸하 공화국 정부에서 임명된 대표자이다. 1937년 11월 13일생으로서, 2002년 1월 28일 임명되었고 2007년 1월 임기가 만료된다.4)

3) 연방주체의 수장 선거

2001년 12월 23일 싸하(야꾸찌야) 공화국 대통령 선거가 성립되었다. 7명이 이 직위에 입후보했다. 투표는 두 번에 걸쳐 실시되었다. 결선투표는 2002년 1월 13일 성립되었다.

공화국의 선거법령에 따르면 선거는 만일 유권자 명부에 포함된 과반수 이상의 유권자가 참여하면 성립된 것으로 인정된다. 투표에 참여한 유권자의 과반수 이상의 득표를 한 등록된 후보가 당선된 것으로 간주된다. 투표결과 한 후보도 당선되지 않았다면, 최다득표를 한 두 후보를 대상으로 다시 투표가 실시된다. 대통령과 함께 공화국 부통령이 선출된다. 부통령 후보는 대통령 후보가 정한다. 결선투표는 어떤 경우에도 성립된 것으로 인정된다. 최다득표를 하고, 득표수가 모든 후보에 대한 반대에 투표한 수보다 많을 경우 최다득표를 한 후보가 당선된 것으로 간주된다.

12월 23일 1차 투표에 등록된 후보 및 그 득표율은 다음과 같다.

후 보 명	출생년도	선거당시 직위	득표율(%)
보리소프(Борисов С.С.)	1936년 생	싸하 공화국 부통령	1.13
막시모프(Максимов А.Н.)	1964년생	ООО «야콜»의 대표이사	0.89
산니꼬프(Санников М.С.)	1952년생	주식회사 «АЛРОСА-야꾸찌야» 사장	0.34
뚜무소프(Тумусов Ф.С.)	1955년생	기금 «싸하 다이아몬드 생산투자(Сахаалмазпровинвест)» 이사장	17.00
필립뽀프(Филиппов В.В.)	1951년생	싸하 공화국 국회 공화국회의 의장	8.00

4) Матвеев Александр Сафронович. http://council.gov.ru/sostav/member/m10753.htm; Николаев Михаил Ефимович. http://council.gov.ru/sostav/member/m10752.htm.

쉽꼬프(Шипков Р.Ю.)	1952년생	극동연방지구 러시아연방대통령 전권대표부의 아무르 및 마가단주 기구에서 싸하 공화국 관할 연방 검사관	15.83
쉬띄로프(ШТЫРОВ В.А.)	1953년생	주식회사 «АЛРОСА»의 사장	45.54

대통령 선거에는 등록된 유권자의 68.17%가 참여했다. 모든 후보에 대한 반대에는 7.71%가 투표했다.

득표율이 많은 상위의 두 후보를 대상으로 1월 13일 결선투표가 실시되었다. 대통령 선거에는 등록된 유권자의 75.68%가 참여했다. 싸하 공화국 대통령으로는 쉬띄로프가 59.32%의 득표율로 당선되었다.5)

5) Регионы - Губернаторские выборы в 2001 году - Республика Саха (Якутия). http://i1600.100mb.ru/~grankin/archiv/reg14el.htm.

Ⅳ. 경제시스템

1. 경제개황

싸하 공화국은 7개의 연방지구 중 극동지구에 속하고 12개의 러시아 경제지역 중 극동경제지역에 속한다. 싸하 공화국은 경제시스템의 탈국가화, 사유화, 탈중앙화 등이 진행되면서 발전을 위한 재정비를 갖추고 새로운 도약을 시작한 지역이다. 이렇게 시장시스템으로의 전환의 계기가 된 것은 자체적인 입지에서 기인하는 풍부한 내재자원이다. 싸하 공화국은 산업이 매우 불균형한데 이것 또한 내재자원이 매우 편중된 입지적인 요인에 근거한다.

싸하 공화국은 불균형적인 산업형태를 취하고 있지만 규모의 대형화로 인해 전반적인 산업이 상대적으로 높은 비율을 가지고 있다. 특히 공업은 러시아 대비 1.6%의 비중을 가지고 있고 전체지표인 지역총생산도 러시아 대비 1.6%의 규모를 가지고 있다. 이것은 대(大)경제규모의 부류에 분류시킬 수 있다.

싸하 공화국에 대한 이해를 돕기 위해 지역총생산이 어떻게 변화되어 왔는지를 살펴보는 것은 매우 중요하다. 지역총생산과 1인당 지역총생산을 들어보면 다음과 같다.

싸하 공화국 지역총생산액 추이

항목 \ 년도	1996	1997	1998	1999
지역총생산	27,198	30,181	33,529	64,688
1인당 지역총생산	26,683	29,897	33,667	65,847
지역총생산 지수		96.3	94.1	106.6

http://www.infostat.ru/epub.htm (검색일: 2003.1.10)

싸하 공화국의 지역총생산의 주요구성 비율을 보면 거대 규모를 가진 공업부문이 상대적으로 우위를 점하고 있으며 그 비율은 약 53.5%에 이르고 있다. 농업은 2.9%를 차지하고 있고 그 외 건설, 운송, 유통이 각각 4.1%, 3.0%, 7.1%에 이르고 있다.

싸하 공화국의 기업부문의 지표에 있어 총 기업수와 소 기업수 그리고 공업활동기업수를 연도별 추이로 살펴보면 다음과 같다.

기업수 추이

항목 \ 년도	1997	1998	1999	2000
총기업수	17,999	17,978	18,304	19,341
소기업수	3,063	4,334	3,542	2,693
활동기업수	824	892	827	640

http://www.infostat.ru/epub.htm (검색일: 2003.1.10)

2) 산업

(1) 공업

싸하 공화국의 공업의 주요 기반산업은 비철금속 부문이다. 원래부터 자원이 풍부하여 비철금속이 발달할 수 있는 토대가 있는데다가 시장경제로 전환을 하면서 경제권에 대한 이양이 중앙에서 지방자치로, 그리고 국영기업에서 사기업으로 대폭 이루어지면서 정책적인 지원과 더불어 경제가 개발되고 인프라가 확충된 것이 비철금속부문과 연료공업의 발달을 지속가능하게 한 요인이라 할 수 있다.

비철금속을 중심으로 한 공업은 주로 야꾸찌야와 네륜그리, 미르니 등에서 생산이 이루어지고 있고 채굴공업이나 가공산업이 주를 이루고 있다.

싸하 공화국은 대외관계도 활발하며 주로 수출되는 주요 품목으로는 금, 석탄, 목재 등이 있다. 수출대상국을 보면 지리학상의 구조에 따라 교역이 쉬운 국가들로서 일본이 약 75%, 영국, 8%, 이스라엘이 7%, 그리고 스위스가 2%, 중국이 약 1%를 차지하고 있다.

싸하 공화국의 총 공업생산량과 공업생산지수를 연도별 추이로 보면 다음과 같다.

총 공업생산량 추이

항목 \ 년도	1997	1998	1999	2000
총 공업생산량	16,936	24,511	51,340	64,898
공업생산 지수	95	103	106	106

http://www.infostat.ru/epub.htm (검색일: 2003.1.10)

싸하 공화국의 공업부문별 구조에 있어 어떤 것이 주요한 부문이고 또 그 비율들이 얼마나 되는가를 보는 것은 공업기여도 평가에 있어 중요한 자료일 것이다. 싸하 공화국의 중심산업은 비철금속이고 이 비율은 거의 80%에 육박하고 있다. 여타 부문들이 어떤 비율을 가지고 있는지 표로 살펴보면 다음과 같다.

주요 공업생산부문별 생산비율

생산부문	싸하 공화국 총공업생산 비율
전기전력	7.1%
연료공업	9.9%
비철금속	78.3%
기계제작 · 금속가공	0.3%
목재가공, 종이 · 펄프	0.7%
건재공업	0.8%
경공업	0.2%
식품공업	2.2%
기타	0.8%

http://www.infostat.ru/epub.htm (검색일: 2003.1.10)

(2) 농업

싸하 공화국의 농업은 러시아 대비 약 0.7%의 규모를 가지고 있다. 이것은 대규모의 농업이라 할 수는 없고 평균에 약간 미달되는 규모이다. 싸하 공화국은 많은 종류의 식원을 수입해 오고 있고 특히 가축사육이 농업의 주가 되고 있어 작물류의 식원을 수입에 의존하고 있다.

그렇지만 싸하 공화국에서는 농업대체를 위해 조건이 좋은 몇 개의 식원이 있으며 이것을 위해 정책당국은 지구를 정해 두고 있다. 그것은 사슴사육지구, 양마지구, 어업지구, 사냥지구 등으로 이를 통해 대체식량을 다량확보하고 있다.

싸하 공화국의 총 경지면적에서 재배되는 각각의 작물들의 면적비율을 살펴보면 주요 농산물과 기여도를 파악할 수 있다. 싸하 공화국의 총 파종면적을 보면 2000년을 기준으로 6만 700헥타르이고 여기에 주로 파종되는 작물의 종류를 보면 곡물이 49.3%, 사료용 작물재배가 31.1%로 거의 모든 파종의 비중을 가지고 있고 그 외 감자와 채소가 19.6%를 차지하고 있다.

싸하 공화국의 농업전반을 보기위해 총 농업생산량과, 총 농업생산액 중 작물관련 생산액, 총 농업생산액 중 가축관련 생산액을 연도별 추이로 살펴보면 다음과 같다.

농업생산량 추이

항목 \ 년도	1997	1998	1999	2000
총농업생산액	2,429.4	2,228.4	4,466.7	5,792.5
작물관련 생산액	1,013.4	770.1	1,241.5	1,503.1
가축관련 생산액	1,416.0	1,458.7	3,225.2	4,289.4
농업생산 지수	92	97	101	104

http://www.infostat.ru/epub.htm (검색일: 2003.1.10)

싸하 공화국의 농업생산에 있어 2000년의 주요 생산카테고리의 비율을 살펴보면 다음과 같다.

곡물(수확 후 무게)-2만 7,800 톤; 감자-7만 600 톤; 채소-3만 4,600 톤; 가축과 가금류(도살 후 무게)-1만 8,900 톤; 우유-16만 4,600 톤 등이다.

싸하 공화국의 가축사육과 관련해서 2000년말기준으로 사육되고 있는 소는 28만 9,700두이며, 그 중 암소는 10만 9,000마리이다. 그리고 돼지의 수도 4만 9,600마리에 이르고 있어 가축사육은 적지 않은 규모를 가지고 있다.

3) 자원 등 기타

싸하 공화국은 현저한 대륙성기후를 나타내는 곳이다. 이 공화국의 겨울은 매우 추우며 6개월 동안이나 지속된다. 가장 낮은 온도는 -64.4℃를 기록하기도 한다. 여름의 경우는 매우 덥고 습도가 높다.

이 지역에는 많은 강이 있으며 전체의 길이는 150만km이다. 주요한 수자원으로는 랜강이 있으며 이 강은 많은 지류와 섬들을 가지고 있다. 연간 강의 수위는 10-11m까지 변하기도 한다. 이 외 싸하 공화국은 700개의 호수가 있으며 100개가 넘는 지하수는 매우 유명한 것으로 알려져 있고 이들 중 많은 것들이 치료성분을 가지고 있다.

싸하 공화국의 유용지하자원으로는 광물원료자원과 다이아몬드 그리고 금을 들 수 있다. 싸하 공화국에서 채굴되는 주석과 안티몬의 양은 러시아연방과 전체 구 소련의 모든 지역의 수요를 충족하는 양이다.

싸하공화국은 철광석의 매장량이 풍부하며 이들의 대부분은 점결탄 또는 동력탄이다. 특히 수복할 만한 사실은 야쿠찌야 영토의 절반이상에 석유와 가스가 매장되어 있을 가능성이 있다는 것이다. 현재 이 지역에는 31개의 석유 및 가스매장지, 응축액매장지가 있다.

싸하 공화국에서 채굴되는 건축자재는 모든 건축 산업에 소요되는 대부분의 원료를 충족시키고 있다.

싸하 공하국의 동물계에는 64종의 포유류와 280종의 조류, 4종의 양서류, 2종의 파충류가 있으며 이들 중 16종의 포유류와 50종의 조류는 러시아연방의 희귀동물목록에 기록되어 있다.

V. 문화시스템

1. 지역정체성

1) 인구

싸하 공화국의 2001년도 인구수는 986,000명이다. 다른 연방 주체들과 마찬가지로 1990년 이후 지속적으로 인구수가 감소하고 있다. 그러나 출생자수가 지속적으로 사망자수를 능가하여 인구 자연증가율은 다른 대부분의 연방 주체들과 달리 플러스 상태를 유지하고 있다. 하지만 출생자수의 감소와 환경적, 경제적 이유로 인한 인구의 유출로 전체 인구수는 지속적으로 감소하고 있다. 영토는 넓지만 열악한 환경적 요인으로 공화국 평균 인구밀도는 러시아 유럽지역의 10분의 1수준인 1㎢당 0.4명 정도이며, 농업에 유리한 지역과 산업지역에 인구가 밀집되어 있다.

싸하 공화국 인구변동 추이

연도	1990	1992	1993	1994	1995	1996	1997	1998	1999	2000	2001
인구수 (1,000명)	1,112	1,105	1,087	1,074	1,048	1,036	1,028	1,016	1,001	989	986

Российский статистический ежегодник. Госкомстат России. М., 2001. С. 83.

인구 자연증가율은 1990년 이후 지속적으로 하락했다. 출생자수의 지속적인 감소와 사망자수의 지속적인 증가로 인해 전체 인구수도 지속적으로 감소했다. 그러나 2000년에는 전년도에 비해 출생자수가 늘고 사망자수가 줄어 인구 자연증가율이 전년도에 비해 상승했다.

싸하 공화국 출생자수, 사망자수, 자연증가율

연도	출생자수(명)	사망자수(명)	자연증가율(명)
1990	21,662	7,470	14,192
1992	17,796	8,710	9,086
1993	16,771	9,419	7,352
1994	16,434	10,371	6,063
1995	15,731	10,079	5,652

1996	14,584	9,638	4,946
1997	13,909	9,094	4,815
1998	13,640	8,856	4,784
1999	12,724	9,480	3,244
2000	13,147	9,325	3,822

Россий ский статистический ежегодник. Госкомстат России. М., 2001. С. 122.

싸하 공화국의 주요 산업은 다이아몬드 산업으로, 러시아 전체 매장량의 90%, 전체 채광량의 95%를 차지한다. 다이아몬드 외에도 에너지자원(석탄, 가스, 석유)의 경제적 의미가 크게 부각되고 있다. 싸하 공화국에서도 다른 연방 주체들에서와 마찬가지로 1990년대 들어 실업률이 지속적으로 증가했으며, 2000년을 고비로 하락추세를 보이고 있다.

싸하 공화국 경제활동인구(취업자, 실업자), 실업률

연도	경제활동인구 (1,000명)	취업자수 (1,000명)	실업자수 (1,000명)	실업률(%)
1992	600	580	20	3.4
1993	582	560	23	3.9
1994	551	518	33	6.0
1995	520	483	37	7.1
1996	529	494	35	6.7
1997	508	444	64	12.6
1998	504	436	68	13.4
1999	503	434	70	13.8
2000	497	441	56	11.3

Россий ский статистический ежегодникю Госкомстат России. М., 2001. С. 140.

2) 민족

싸하 공화국에는 80여 민족이 거주한다. 주요 민족 구성을 보면, 러시아인 50.3%, 원주민인 야꾸트인 33.4%, 우변강주나인 7%, 따따르인 1.6%, 에벤크인 1.3%, 벨라루스인 0.9%, 에벤인 0.8%, 부랴트인 0.8%, 바슈끼르인 0.4%, 독일인 0.4%, 몰다비아인 0.3%, 추바슈인 0.3%, 모르드바인 0.3%, 유까기르인 0.1% 등이다.

3) 교육

싸하 공화국의 학술부문은 1920년대까지는 극히 미약한 상태였으나, 1935년 자체의 언어, 역사, 문화 연구소를 설립하면서 본격적인 학술연구가 시작되었다. 1941년에는 현재의 과학아카데미 시베리아지부 동토연구소의 전신인 야꾸찌야 동토연구 기지가 설립되었다. 최근 공화국내 연구 활동은 공화국의 사회-경제 문제 해결에 집중되고 있으며, 자연환경의 영향으로 지진과 주요 광물 매장 탐사연구, 동토 건축법 연구, 저온에서의 다양한 금속상태연구, 다양한 동토 동식물에 대한 생물학적, 생태학적 연구 등이 이루어지고 있다.

다양한 민족들이 거주하는 지역인 만큼 이 지역 제 민족들의 언어, 문화, 역사, 민속에 대한 연구가 새롭게 이루어지고 있다. 또한 고에너지 우주광선을 연구하는 우주물리학 분야는 세계적인 주목을 받고 있다. 주요 연구소로는 과학아카데미 시베리아지부 산하의 야꾸찌야 과학센터, 우주물리학 및 대기학 연구소, 동토 연구소, 지질학 연구소, 생물학 연구소, 언어, 문화, 역사 연구소 등이 있다.

싸하 공화국의 주요 대학으로는 야꾸찌야 국립대학, 수학-정보학 대학, 체육대학, 야꾸찌야 의과대학, 야꾸찌야 농업대학 등이 있고, 쌍트-뻬쩨르부르크 노조 인문대학 분교 등 다수의 분교도 설치돼 있다.

2. 지역문화

1) 문화개괄

야꾸쯔크는 싸하 공화국의 수도이다. 레나 강변에 있는 이 도시는 극한 영구 동토지역으로 잘 알려져 있고 북위 64도의 고위도에 있기 때문에 5월 중순이면 벌써 백야가 된다. 여름이 되면 전혀 기온이 오를 것 같지가 않았던 이곳에도 극한의 땅이라는 이미지에서 벗어나 30도 이상으로 기온이 오르며 때론 40도가 넘기도 한다. 영구 동토의 표면이 녹아 습지대로 변하고 모기도 상당히 많다. 이 모기는 매우 위험해서 조심하지 않으면 안 된다.

짧은 여름이 끝나고 가을도 지나가 버리면 길고 추운 겨울이 다가온다. 영하 50도의 날씨가 계속되면서 모든 것은 얼어붙고 시 전체가 하얗게 흐려져

5미터 앞에 걸어가는 사람도 알아보기 힘들 정도이다. 이런 짙은 안개는 하루 종일 계속된다. 이것은 거주무(居住霧)라고 하는데 사람들의 생활에서 발생하는 모든 수증기가 얼어 대기를 떠다니기 때문에 나타나는 현상이다. 市의 거리에는 빌딩들이 늘어서 있지만 조금만 교외로 나가면 오래된 목조 가옥들이 즐비하다. 이 집들은 사람들이 살 수 없을 정도로 경사져 있다.

영구동토도 여름이 되면 지표에서 2-3미터까지 녹는다. 그때에는 가구가 놓인 무게가 무거운 곳이 땅속으로 가라앉는다. 겨울이 되면 그대로 얼어붙고 다음 여름에는 또 녹는다. 고층 빌딩은 이런 이유로 굵은 기둥을 땅 속 깊숙이 몇 개를 박고 그 위에 건물을 설계하는 것이 상식으로 되어 있다.

인구는 약 20만이 넘고 다양한 민족이 살고 있다 그 비율은 러시아인, 야꾸트인, 우크라이나인, 에벤인의 순서로 많다. 야쿠트의 대표적인 토산품은 매머드의 상아 세공품이다. 그 기술이 매우 뛰어나서 기념품은 상당히 고급이다.

2) 문화시설

(1) 오이반스크 문학 박물관

이 박물관에는 야꾸트인의 생활과 문학, 예술에 관한 것이 전시되어 있다. 이곳에서는 투르크문화(원래 야쿠트인은 투르크계)와 언어를 소중하게 여기며 장례식은 조로아스터교 형식으로 한다는 것 등 야꾸트인의 다양한 문화를 배울 수 있다.

박물관 건물 밖에는 유르트라는 옛 거주지가 있는데 재미있는 것은 창문이다. 여름 동안은 러시아인으로부터 비싼 값으로 구입한 유리를 끼우고 겨울이 되면 얼음으로 대체한다. 지금은 전시용으로만 있다.

(2) 야꾸쯔크 광물 연구소

이곳에서는 유명한 매머드의 발을 볼 수 있다. 큰 매머드는 약 3미터의 높이가 되므로 그것을 지탱할 수 있을 만한 발의 크기를 상상할 수 있을 것이다. 또 매머드의 전체 골격과 200만 년 전 인류의 생활도구 등이 전시되어 있다.

(3) 지지 박물관

볼셰비키 혁명전에는 유형지였던 야꾸쯔크에 1891년에 유형되었던 정치범들이 박물관을 건설했던 것이 이 박물관 역사의 시작이었다. 볼만한 것은 매머드의 전체 골격으로 높이 3.5미터, 무게 3톤, 상아만 300킬로그램이나 된다. 1만 5천 년 전에 죽은 이 매머드는 내장이 동토 안에서 보존되어 있었기 때문에 그 내용물에서 매머드의 식생활을 규명할 수 있었다.

매머드 뼈 전시관

이 밖에 북극의 동물들도 전시되어 있다. 극지방에 서식하기 때문에 훌륭한 모피를 가진 다람쥐, 흑담비, 담비, 사향쥐, 북극곰, 붉은 사슴 등의 동물들이 있다. 이들을 잡아 생계를 이어온 야쿠트인의 생활양식도 전시되어 있어서 그들의 일상 자체를 자세히 알 수 있다.

(4) 베르호얀스크 지역 지지 박물관 '추위의 극한'

전통 의상

박물관 '추위의 극한'(Полюс холода) 은 1957년에 문을 연 학교 박물관을 근간으로 세워진 박물관이다. 싸하 공화국의 공훈 교사인 로지나 류보피 이노껜찌예바(Рожина Любовь Иннокентьевна)가 엘게츠(Эльгетск) 지역에서 최초로 박물관의 소장품들을 가져 왔다. 박물관은 1990년 11월 1일 공식적으로 문을 열었다. 이 박물관에는 지질학, 고고학 관련 자료와 북반구에서 동토의 극한지역을 개발한 역사적인 자료, 대기 수상학 관점에서 독특한 지역인 베르호얀스크의 발전의 역사 등에 대한 풍부한 자료가 전시되어 있다. 오직 이 곳에서만 야꾸찌야 가축의 순수한 혈통을 볼 수 있고 야꾸찌야의 북동쪽에 사는 야꾸트인, 에벤인, 러시아인의 풍부한 민속학적인 자료도 소장하고 있다. 박물관의 기둥은 베로호얀스크 야꾸트인의 전통 문화를 잘 보여주고 있다.

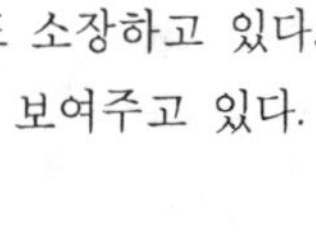
야꾸트인의 식기

싸할린주
Сахалинская Область

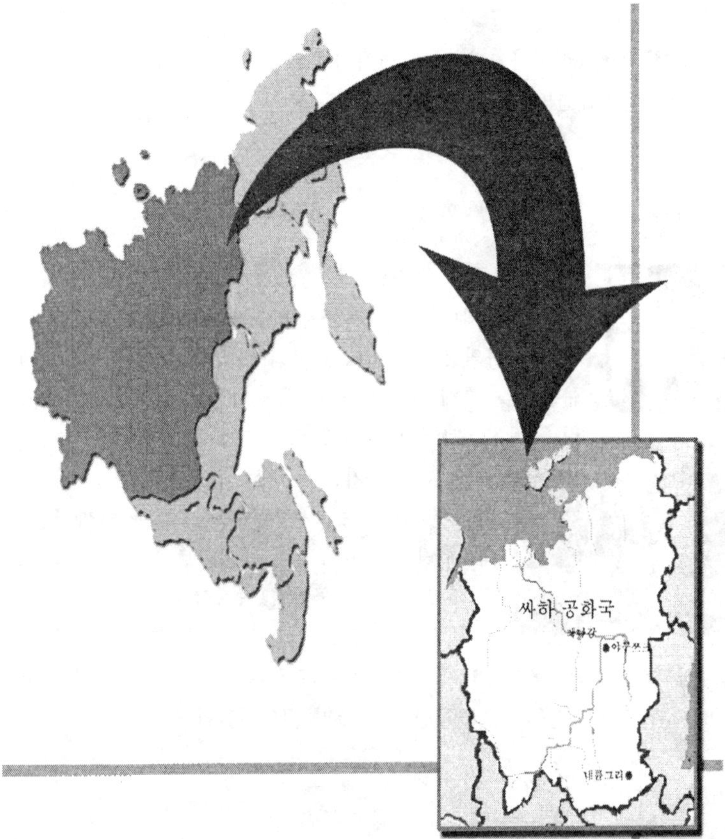

Ⅰ. 개황

1. 기초정보

주 성립일: 1932년 10월 20일.
주도: 유주노-싸할린스크(Южно-Сахалинск)
인구: 591,000명(2001년 현재: 러시아연방 전체의 0.40%; 89개 주체 중 70위)
인구밀도: 6.79명/㎢
면적: 87,100㎢(러시아연방 전체 면적의 0.51%; 89개 주체 중 40위)
소속지구: 극동연방지구; 극동경제지구
한국과의 시차: +1시간

2. 상징

싸할린주 문장

싸할린주의 문장은 은빛 방패에 푸른 기둥이 묘사되어 있는 형상이다. 푸른 기둥에는 은빛 파도를 항해하는 17세기 러시아의 까자크선이 묘사되어 있다. 까자크선 양편에는 분화구를 통해 불기둥을 내뿜는 화산이 그려져 있다. 싸할린주 문장은 1997년 4월 25일 채택되었다.

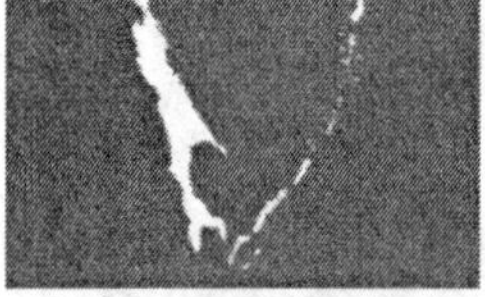
싸할린 주기

싸할린 주기는 파란색 장방형 천으로 되어 있다. 천 중앙에는 싸할린주를 구성하는 싸할린 섬과 꾸릴열도의 윤곽이 백색으로 표시되어 있다.

싸할린 섬과 꾸릴열도는 서로 45°를 이루며 천 중앙에 위치하고 있다. 섬의 위, 아래 끝부분은 깃발 상하단으로부터 1/8지점의 동일선상에 위치한다. 주기의 가로, 세로 비율은 3:2이다. 싸할린 주기는 1997년 4월 25일 채택되었다.

3. 주요도시

유주노-싸할린스크(Южно-Сахалинск): 인구 179,500명; 북위 46°58′, 동경 142°44′
홀름스크(Холмск): 인구 38,200명; 북위 47°3′, 동경 142°2′
꼬르싸꼬프(Корсаков): 인구 34,300명; 북위 46°37′, 동경 142°47′

오하(Оха): 인구 27,200명; 북위 53°35′, 동경 142°56′
뽀로나이스크(Поронай ск): 인구 21,100명; 북위 49°14′, 동경 143°6′
(인구: 2002년 현재)

4. 주요 산업 및 농업

주의 주요 산업으로 식료품(어류)산업, 제지업, 연료산업(원유, 석탄), 전력에너지 산업, 선박수리 등이 발달했으며, 농업부문은 축산업, 모피동물사육, 사슴사육, 감자, 야채재배, 사료작물재배 등이 발달했다.

Ⅱ. 자연환경

1. 지리적 위치와 구성

싸할린주는 17개 행정구, 18개 시 및 34개 도시형마을, 65개의 농촌마을로 이루어져 있으며 러시아연방 극동지역에 싸할린섬과 꾸릴열도로 구성되어 있다. 오호츠크 해와 동해가 둘러싸고 있다.

주요 하천은 뽀로나이(Поронай), 찜(Тымь)강 그리고 16,000개의 호수가 있다.

수도 유주노-싸할린스크(Южно-Сахалинск)와 모스크바 간의 거리는 10,417㎞이다.

2. 기후조건

온난기후대, 극동몬순 기후. 잦은 안개와 가을에는 호우를 동반한 태풍이 발생한다.

1월 평균기온: -6(남부 지역) ~ -25℃(북부 지역)

7월 평균기온: 19(남부 지역) ~ 10℃(북부 지역)

연강수량: 600 ~ 1,200㎜

식물 생장 기간: 120일(남부 지역)

식생: 타이가(북부 지역), 활엽수림(남서부 지역)

토양: 타이가 토양, 산악타이가 토양

삼림분포도: 65%

3. 주요 유용광물

석탄, 원유, 가스, 유황, 마그네틱 모래 등이 있다.

주요산지:

동력석탄: 고르노자보쯔크(Горнозаводск), 바흐루셰프스크(Вахрушевск).

코크스탄: 레쏘고르스크(Лесогорск), 우글레고르스크(Углегорск).

원유: 몬기(Монги), 우스찌-또미(Усть-Томи), 까딴글리(Катангли), 유빌레이노예(Юбилей ное), 오크루주노예(Окружное).

가스: 보스또치노-루고프스크(Восточно-Луговск).

원유가스칸덴세이트: 오도프뚜(Одопту), 차이보(Чай во), 룬스꼬예(Лунское).

유황: 노보예(Новое).

Ⅲ. 정치시스템

1. 역사

싸할린은 17세기에 유럽인들에 의해 발견되었다. 꾸릴 열도에 대한 첫 번째 소개는 러시아족의 개척자 아틀라소프가 1697년에 한 보고였다. 러시아는 19세기에 국회를 연구하고 장악했다. 1875년 러-일조약에 의해 싸할린은 러시아에 속한 것으로 인정되었다.

1904-1905년 러-일전쟁 이후 1905년 포츠머드 평화조약에 따라 남싸할린(위도 50도까지)은 일본으로 편입되었다. 1945년에 남싸할린은 소련군대에 의해 해방되었으며 1945년 크림 및 포츠담 회담의 결정에 따라 소연방으로 되돌려졌다.

싸할린주는 1932년 10월 20일 구성되었고 극동 변강주에 들어갔으며, 1938년부터는 하바로프스크 변강주에 들어갔다. 독자적인 주가 된 것은 1947년 1월 2일부터였다.[1)]

2. 권력기관

1) 전체 통치구조상의 특징

싸할린주에서 국가권력은 입법, 집행, 사법권력의 분립을 기반으로 실현된다. 입법, 집행 및 사법권력기관은 권한실현에서 독자적이며 서로 상호작용한다. 싸할린주에서 입법권력은 싸할린주 두마에 의해 실현된다. 싸할린주에서 집행권력은 국회의 최고 집행기관인 싸할린주 행정부에 의해서, 그리고 싸할린주 법률에 따라 구성되는 주 및 지역 집행권력기관에 의해 실현된다. 싸할린주에서 사법권력은 러시아연방 사법체계에 들어가는 법원들에 의해 실현된다.

2) 집행기관: 싸할린주 지사와 행정부

싸할린주에는 싸할린주 행정부를 수장으로 하는 집행권력기관 체계가 확

---

1) 싸할린주의 역사부분은 다음을 번역, 정리한 것이다. Сахалинская область. http://www.migratio.ru/geo/geo_sakhalin.htm. (2005년 3월 28일 검색)

립되어 있다. 싸할린주 행정부는 행정부의 장인 싸할린주 지사가 지휘한다.

싸할린주 행정부는 상설직으로 활동하는 싸할린주의 최고의 집행권력기관으로서 싸할린주 지사, 싸할린주의 수석 부지사(первый вице-губернатор Сахалинской области) 싸할린주의 부지사(вице-губернаторы Сахалинской области), 러시아연방 대통령, 러시아연방 정부, 러시아연방 연방의회에의 싸할린주의 대표부의 장으로 구성되어 있다.

싸할린주 지사는 싸할린주의 법률에 따라 4년 임기로 싸할린주 주민에 의해 선출된다. 싸할린주 지사는 싸할린주의 최고 공직자로서 싸할린주 행정부를 지휘한다. 싸할린주의 지사는 동시에 싸할린주 두마의 의원, 대의 지방자치기관의 의원이 될 수 없고 러시아연방의 법령이 달리 정하지 않았다면 교육, 학문 및 다른 창조적 활동을 제외한 다른 유급활동에 종사할 수 없다.

3) 입법기관

싸할린주에서 국가권력의 입법기관은 싸할린주 두마이다. 주 두마는 상설적으로 활동하는 최고의, 단일한 입법권력기관이다.

주 두마의 의원은 4년의 임기로 선출된다. 주 두마는 27명의 의원으로 구성된다. 직업적으로 상설적 기반에서 일하는 의원의 수는 주 두마가 정한다. 자신의 권한 임기동안 싸할린주 두마의 의원은 연방법률이 달리 정한 바가 없다면 러시아연방 연방의회 국가두마의 의원, 러시아연방 연방의회 연방회의의 성원, 판사가 될 수 없고 러시아연방의 국가직위, 연방 국가업무의 국가직위, 싸할린주의 다른 국가직위 혹은 싸할린주 국가업무의 국가직위를 차지할 수 없다. 싸할린주 두마의 의원의 활동이 직업적으로 상설적 기반에서 실현되는 경우 의원은 교육, 학문 혹은 다른 창조적 활동을 제외하고는 러시아연방 법령이 달리 정한 바가 없다면 다른 유급활동에 종사할 수 없다.

싸할린주 두마의 의원은 싸할린주의 법률로 정해진 절차에 따라 그리고 그 기반에 의해 싸할린주 주민들에 의해 소환될 수 있다.[2)]

---

2) Устав Сахалинской области. http://www.sakhalin.ru/?id=58(~69). (2004년 5월 29일 검색)

3. 대의정치

1) 러시아연방 대통령 선거

싸할린주에는 러시아연방 차원의 선거에서 하나의 선거구가 있다. 전체 유권자수는 러시아연방 국가두마의원 선거와 연방대통령 선거의 경우 25만 명 안팎으로 집계되었다.

2000년 3월 26일 실시된 러시아연방 대통령 선거에는 유권자의 60.3%가 투표에 참여했고 뿌찐이 투표참여 유권자의 46.7%의 지지를 획득했다. 주요 후보들의 득표율은 다음과 같다.

후 보 명	득표율(싸할린주, %)	득표율(러시아연방,%)
지리노프스끼	5.6	2.7
쥬가노프	30.8	29.3
뿌찐	46.7	52.8
찌또프	1.0	1.5
뚤레예프	2.8	3.0
야블린스끼	7.5	5.8
모든 후보에 대한 반대	2.2	1.9

출처: Приложение. Результаты голосования на президентских выборах 2000г. по регионам // Президентские выборы 2000 года в России / Под ред. Майка Макфола, Николая Петрова и Андрея Рябова. М.: Московский Центр Карнеги, 2000; Выборы-2000 в цифрах и событиях. http://www.nns.ru /Elect-2000/result. (2005년 5월 13일 검색)

2) 러시아연방 연방의회

가) 러시아연방 국가두마(하원)의원 선거

1999년 12월 19일 실시된 러시아연방 국가두마의원 선거에서 정당별 투표에 참여한 유권자수는 226,508명으로서 전체 유권자의 53.03%를 차지했다. 싸할린주에서 정당별 투표의 최다득표자는 러시아공산당이었다.[3)]

---

3) 러시아연방 국가두마(하원)의원 선거결과는 러시아연방 중앙선거위원회 및 지역 선거위원회의 사이트에서 제시된 것을 참조. Центральная избирательная комиссия Российской Федерации. http://cikrf.ru/. 자료에 대한 검색은 주로 2003년 10월부터 2004년 1월에 걸쳐 이루어졌다.

목록	득표수	득표율(싸할린주,%)	득표율(러시아연방,%)
야블로코	18403	8.12	5.93
단결(메드베드)	52231	23.06	23.32
지리노프스끼 블록	24015	10.60	5.98
조국-전러시아	11080	4.89	13.33
러시아공산당	54968	24.27	24.49
우파연합	20543	9.07	8.52
모든 후보에 대한 반대	10093	4.46	

나) 러시아연방 연방회의(상원)의 성원

싸할린주에서 선출된 러시아연방 상원의원은 뜨레쨔크(Б. Н. Третяк)과 샤뽀발(В. И. Шаповал)이다. 뜨레쨔크은 의회활동 내규 및 조직에 관한 연방회의 위원회 위원, 경제정책, 기업활동 및 소유에 관한 연방회의 위원회 위원, 연방회의 활동지원에 대한 통제위원회 위원으로서, 싸할린주 두마에서 선출된 대표자이다. 1938년 2월 12일생으로서, 2004년 10월 21일 선출되었고 2008년 10월 임기가 만료된다. 샤뽀발은 러시아연방 예산위원회와의 상호작용에 관한 연방회의 위원회 위원, 자연자원 및 환경보호에 관한 연방회의 위원회 위원, 연방회의 활동지원에 대한 통제위원회 위원으로서, 싸할린주 행정부에서 임명된 대표자이다. 1953년 10월 17일생으로서, 2003년 6월 3일 선출되었고 2007년 12월 임기가 만료된다.[4)]

3) 연방주체의 수장 선거

2000년 10월 22일 국회 주 지사 선거가 성립되었다. 5명이 입후보했고 투표는 한번 실시되었다. 등록된 후보 및 그 득표율은 다음과 같다.

후 보 명	출생년도	선거당시 직위	득표율(%)
루까베쯔 (Рукавец В.В.)	1945년생	싸할린주 두마 의원, 부의장	1.22
시도렌꼬	1955년생	유즈노-국회스크 시장	21.36

4) Третяк Борис Никилович http://council.gov.ru/sostav/member/m10715.htm; Шаповал Владимир Иванович http://council.gov.ru/sostav/member/m10814.htm.

(Сидоренко Ф.И.)			
파르후트지노프 (Фархутдинов И.П.)	1950년생	싸할린주 지사	56.29
필립뽀바 (Филиппова Н.А.)	1947년생	ТОО «국회-사뽀로» 대표 이사	4.33
체르늬 (Черный А.В.)	1951년생	국회 표준화 센터의 국회 사주(砂州)개발에 의한 생산품 증명서 부서의 장	8.36

선거에는 등록된 유권자의 39.77%가 참여했다. 모든 후보에 대한 반대에는 6.93%가 투표했다. 싸할린주 지사로는 파르후트지노프가 당선되었다.[5)]

5) Регионы - Губернаторские выборы в 2000 году - Сахалинская область. http://i1600.100mb.ru/~grankin/archiv/reg65el.htm.

Ⅲ. 경제시스템

1. 경제개황

싸할린주는 7개의 연방지구 중 극동지구에 속하고 12개의 러시아 경제지역 중 극동경제지역에 속한다. 싸할린주는 극동경제지역에서 가장 큰 지역 중의 하나이고 지하자원의 매장량이 가장 많은 지역 중의 하나이다. 즉 싸할린주는 지리적으로나 지정학적으로 유리한 위치를 점하고 있다. 이것은 대외경제관계의 활성화에 그대로 반영되고 있으며 실제 싸할린주와 관계를 갖지 않는 러시아주체나 국가는 거의 없을 정도이다.

싸할린주는 상대적으로 공업이 발달되어 있는 편이고 극동경제지역에서 공업생산량의 규모로 4위를 차지하고 있다. 싸할린주 공업의 특징 중의 하나는 기반산업이 1-2개의 산업에 집중적으로 특화되어 있다는 것이며 연료공업과 식품공업이 특화된 기반산업이라는 점이다. 이 공업의 발달은 지리학적인 자원 입지조건에 전적으로 의존하고 있으며 경제에 직접 연결되어 생산량에 기여되고 있는 것은 주로 석유, 가스, 석탄, 철광석과 비철금속, 화학원료, 시멘트 등 이루 헤아릴 수 없을 정도이다.

싸할린주의 전체지표인 지역총생산은 러시아대비 0.7%의 규모를 가지고 있다. 이것은 작지 않은 경제의 규모를 의미한다. 싸할린주의 지역총생산과 1인당 지역총생산을 보면 다음과 같다.

싸할린주 지역총생산액 추이

항목 \ 년도	1996	1997	1998	1999
지역총생산	9,600	11,888	13,091	28,329
1인당 지역총생산	14,984	18,972	21,328	46,981
지역총생산 지수		99.1	95.9	119.1

http://www.infostat.ru/epub.htm (검색일: 2003.1.10)

싸할린주의 지역총생산의 주요 구성에 따른 비율을 보면 공업부문과 건설부문이 상대적으로 우위를 점하고 있으며 각각 약 28.2%와 32.6%에 이르고 있다. 그리고 농업의 비중은 2.9%, 운송은 4.1%, 유통은 7.1%에 이르고 있다.

싸할린주의 기업부문의 지표에 있어 총 기업수와 소 기업수 그리고 공업활동 기업수를 연도별 추이로 살펴보면 다음과 같다.

기업수 추이

항목 \ 년도	1997	1998	1999	2000
총기업수(연말)	9,534	10,131	10,767	11,460
소기업수(연말)	2,712	2,086	2,054	1,964
활동기업수	690	705	695	688

http://www.infostat.ru/epub.htm (검색일: 2003.1.10)

2) 산업

(1) 공업

싸할린주의 공업은 여러 지역에서 행해지고 있으며 주로 유지노-싸할린스크, 꼬르싸꼬프, 네벨리스크, 홀름스크, 오하, 우그레고르스크, 사흐쩨르스크 등에서 중심적으로 활동하고 있다. 실제 싸할린주은 극동에서 유일하게 석유와 가스가 생산되는 지역이다. 특히 석유가스공업은 싸할린주의 북부에 치중되어 있다. 알려진 대로 싸할린주에는 약 58개의 석유가스의 산지가 있다.

싸할린주와 경제협력을 하고 있는 국가는 다양한데 대표적인 국가로는 일본과 중국, 북한, 대한민국, 미국, 인도, 싱가폴 등을 꼽을 수 있다. 이 국가들은 아시아태평양지역에 위치하고 있으며 현재 이들과의 합작 사업이 대규모의 것만 해도 약 300건이 넘고 있다. 이러한 교역이 갖는 의미는 이 국가들과의 관계를 통해서 싸할린주가 여타 국가들과의 관계를 향상시킬 수 있는 교두부의 역할을 할 수 있다는 데에 있다.

싸할린주의 공업생산량과 공업생산지수를 연도별 추이로 보면 다음과 같다.

총 공업생산량 추이

항목 \ 년도	1997	1998	1999	2000
총 공업생산량	6,196	6,236	13,993	30,166
공업생산 지수	96	104	109	113

http://www.infostat.ru/epub.htm (검색일: 2003.1.10)

싸할린주의 공업부문별 구조는 기반산업이 단일화 되어있다. 그럼에도 불구하고 여타 산업들도 작은 규모로 활동하고 있다. 연료공업과 식품공업, 전기전력을 중심으로 한 싸할린주의 공업비율들을 보면 다음과 같다.

주요 공업생산부문별 생산비율

생산부문	싸할린주 총공업생산 비율
전기전력	6.0%
연료공업	60.0%
철강업	0.1%
비철금속	0.2%
화학 · 석유화학	0.1%
기계제작 · 금속가공	1.2%
목재가공, 종이 · 펄프	3.2%
건재공업	0.8%
경공업	0.1%
식품공업	27.4%
기타	0.3%

http://www.infostat.ru/epub.htm (검색일: 2003.1.10)

(2) 농업

싸할린주의 농업은 자연적 조건이 좋지 못한 편이라서 작물재배에서 약간의 생산량을 기록하는 것을 제외하고 농업이 전반적으로 성장한 상태에 있지는 못하고 있다. 특히 싸할린주는 토양과 기후가 맞지 않아 곡물을 거의 생산하고 있지 않은 것이 특징이다.

싸할린주의 총 경지면적에서 재배되는 각각의 작물들의 면적비율을 살펴보면 주요 농산물과 기여도를 파악할 수 있다. 싸할린주의 총 파종면적을 보면 2000년을 기준으로 36,700 헥타르이고 여기에 주로 파종되는 작물의 종류를 보면 사료용 작물재배가 61.1%로 거의 대부분의 파종면적을 차지하고 있고 그 외 감자와 채소가 38.9%를 차지하고 있다. 싸할린주의 식물재배에 있어 파종과 생산은 대부분 가축사육에 사용될 사료용 작물이 대부분임을 알 수 있다.

싸할린주의 농업전반을 보기위해 총 농업생산량과, 총 농업생산액 중 작물관련 생산액, 총 농업생산액 중 가축관련 생산액을 연도별 추이로 살펴보면 다음과 같다.

농업생산량 추이

항목 \ 년도	1997	1998	1999	2000
총농업생산액	1,063.3	1,142.8	1,458.9	1,864.5
작물관련 생산액	680.6	835.6	994.5	1,140.4
가축관련 생산액	382.7	307.2	464.4	724.1

농업생산 지수	88	112	105	92

http://www.infostat.ru/epub.htm (검색일: 2003.1.10)

싸할린주의 주요 농업생산품목을 중심으로 2000년도 생산량을 살펴보면 다음과 같다.

감자-10만 6,100 톤; 채소-4만 3,500 톤; 가축과 가금류(도살 후 무게)-2,500 톤; 우유-3만 9,400 톤 등이다.

싸할린주의 가축사육은 2000년 년말기준으로 사육되고 있는 소는 2만 7,200 두이며, 그중 암소는 1만 1,400 마리이다. 그리고 돼지의 수도 1만 100 마리에 이르고 있어 가축사육이 크게 활성화되어 있다고 할 수는 없다.

3) 자원 등 기타

싸할린주 면적의 80%를 차지하는 삼림은 주종이 소나무와 삼나무, 전나무, 낙엽송, 침엽수림을 이룬다. 전체적으로 목재의 보유량은 6억 ㎥이다. 이들 숲에는 다양한 종류의 열매와 버섯, 약초, 양치식물 등이 있다. 싸할린스크의 삼림은 생태계를 구성하는 중요한 요소가 되고 있다.

싸할린주에서 수렵용으로 허용되는 짐승들로는 곰과 흑담비, 토끼, 사슴, 고슴도치, 얼룩무늬다람쥐, 수달, 오소리 등이 있다.

싸할린스크에는 1만 7,200개의 호수가 있고 전체면적은 1,100㎢이다. 이 지역의 강은 6만 5,000개의 강과 지류로 얽혀 있으며 가장 큰 강으로는 350km의 빠로나이강과 330km의 띠마강, 130km의 류또가강이 있다. 싸할린주의 담수 보유량은 매우 풍부하며 치료와 휴양의 목적으로 쓰이고 있다.

싸할린주의 지층에는 수많은 종류의 광물-원료자원들이 있다. 특히 이 지역에는 동력·에너지자원이 풍부하다. 주 경제를 위하여 가장 가치 있는 것은 극동의 전 지역에 석유와 가스등의 탄화수소자원이 분포한다는 것이다.

꾸릴섬들과 싸할린주의 몇 개의 지역에서 온천수와 수증기 혼합물이 발견되고 있으며 이것들은 실제적인 에너지로 사용된다. 전체적으로 싸할린스크의 동력·에너지자원은 현재뿐만 아니라 미래의 내부수요를 초과하는 것으로 극동지역전체를 위해 큰 의의를 가지고 있다.

싸할린주는 흑색금속, 유색금속, 귀금속류 및 비싼 예술품들을 포함하여 많은 종류의 자원들의 보유량이 증가할 가능성이 높으며 채굴되지 않은 새로운 매장지의 발굴에 대한 전망도 매우 좋은 곳이다.

V. 문화시스템

1. 지역정체성

1) 인구

2001년 현재 싸할린주의 인구수는 591,000명이다. 다른 연방 주체들과 마찬가지로 1990년 이후 인구수가 지속적으로 감소하고 있다. 1992년도에는 자연증가와 인구유입으로 인구가 약간 증가했으나, 출생률 하락과 사망률 증가로 인구 감소 추세가 지속되고 있으며, 유출 인구수가 유입 인구수를 상회하는 현상도 지속되고 있다. 이러한 현상의 주원인으로 러시아 연방정부의 지방정책 부재와 반복되는 싸할린의 자연재해 극복대책의 부재를 꼽고 있다. 특히 1994년 꾸릴열도와 1995년의 북부 싸할린 지역의 지진은 매우 큰 피해를 가져왔다.

싸할린주 인구변동 추이

연도	1990	1992	1993	1994	1995	1996	1997	1998	1999	2000	2001
인구수 (1,000명)	713	720	714	699	673	648	634	620	609	599	591

Россий ский статистический ежегодник. Госкомстат России. М., 2001. С. 83.

인구 자연증가율은 1993년부터 지속적인 마이너스를 기록하고 있다. 출생자수와 사망자수 모두 꾸준히 감소하여 전체 인구수 감소의 주원인이 되고 있다.

싸할린주 출생자수, 사망자수, 자연증가율

연도	출생자수(명)	사망자수(명)	자연증가율(명)
1990	10,114	5,811	4,303
1992	7,473	6,608	865
1993	6,302	8,559	-2,257
1994	6,322	9,629	-3,307
1995	5,873	11,238	-5,365
1996	5,732	8,432	-2,700
1997	5,230	7,543	-2,313

1998	5,465	7,129	-1,664
1999	4,947	7,343	-2,396
2000	5,210	7,547	-2,337

싸할린주의 주요 산업은 지하자원 채굴업, 어업, 임업, 농업이며, 경공업, 목재가공업, 제지업, 농업, 운송업, 상업, 보건, 교육, 예술 등 많은 분야의 평균임금이 싸할린주 평균임금 수준에 미치지 못한다. 1999년 현재 경제활동 인구는 전체 인구의 반 이상이며, 경제활동 인구는 기업과 주정부 조직 등에 집중되어 있다. 최근 타 지역으로부터 유입되는 외국인 노동자 수가 증가하고 있으며, 주정부 이민국과 개인 업체들의 소개로 싸할린주 주민들이 외국으로 단기 취업을 나가는 경우도 증가하고 있다.

싸할린주의 실업률은 다른 연방 주체들에서와 마찬가지로 1990년대에 지속적인 상승세를 보이다 2000년부터 하락추세를 보이고 있다.

싸할린주 경제활동인구(취업자, 실업자), 실업률

연도	경제활동인구 (1,000명)	취업자수 (1,000명)	실업자수 (1,000명)	실업률(%)
1992	410	380	29	7.2
1993	284	353	31	8,0
1994	361	326	36	9.0
1995	363	322	41	11.3
1996	361	321	39	10.9
1997	334	284	50	15.0
1998	296	245	51	17.4
1999	313	249	64	20.4
2000	324	282	42	13.0

Россий ский статистический ежегодник. Госкомстат России. М., 2001. С. 140.

2) 민족

싸할린주에는 80여 민족이 거주한다. 주요 민족 구성을 보면, 러시아인 81.6%, 우변강주나인 6.5%, 한인 0.5%, 벨라루스인 1.6%, 따따르인 1.5%, 몰도바인 0.8%, 모르드바인 0.8%, 북방인 0.4%, 몰다비아인 0.2%, 독일인 0.2%, 까자크인 0.2%, 바슈끼르인 0.1%, 유태인 0.2% 등이다.

3) 교육

싸할린주 인구 중 20%가 학생 혹은 교원이다. 취학전 교육을 받고 있는 아동수가 15,000명, 주, 야간 중등학교 학생이 총 88,800명, 직업학교, 전문학교, 초급대학 이상의 교육기관에서 공부하는 학생 수가 총 22,800명, 각급 학교의 교원 총수는 15,000명 이상이다.

주내에는 8개 대학이 있으며, 학술 연구기관으로는 싸할린 어업 및 해도연구소, 싸할린 농업 연구소, 러시아 과학아카데미 극동지부 해양지질 및 지구물리학 연구소 등이 있으며, 과학아카데미 산하의 식물원이 설치되어 있다.

중등교육기관으로는 224개 중등학교, 7개 장애아 학교, 1개 농아학교, 1개 기숙학교, 15개 야간학교가 있으며, 총 101,500명이 공부하고 있다. 주의 수도인 유주노-싸할린스크에는 사립학교인 법률경제 특수학교가 설치되어 있으며, 취학 전 아동교육기관이 326개소가 개설되어 25,700명이 교육을 받고 있고, 15개 중등전문학교(학생수 6,900명), 대학 7개(학생수 4,400명)가 운영되고 있다.

주내에서 가장 오래되고 큰 대학은 유주노-싸할린스크 국립 사범대(현재 싸할린 국립대학)로서 3,200명의 학생이 공부하고 있다. 단과대학으로는 싸할린 해양대학을 비롯한 5개 단과대학이 설치되어 있다.

2. 지역문화

1) 문화개괄

섬이며 상업 중심지에서 멀리 떨어져 있다고 해서 싸할린주가 문화와 문명의 완전한 변방에 위치해 있었던 것이 아니라는 것은 러시아와 일본의 고고학자들에 의해 발견된 유물에 의해 증명되고 있다.

싸할린주에서는 복잡한 역사적 사건이 일어났을 뿐만 아니라 주는 유럽과 아시아라는 전혀 상이한 문화적 영향을 받았다. 주의 문화적 중심지인 유주노 싸할린스크는 일본 건축 양식과 소련 시기 건축 양식이 기묘하게 얽혀 있는 곳이다.

주에는 천 점이 넘는 문화, 역사 기념물이 있다. 그 중 124개는 정부의 보호아래 놓여있다. 보다 중요한 기념물로는 스따로두프스꼬에(Стародубское)

건축기념물, 수수이스까야(Сусуй ская) 정류장, 역사-문학 박물관 '체홉 과 싸할린' (체홉은 1890년 싸할린에 거주하던 당시 이 건물에 머물렀다), 알렉산드로프-싸할린과 유주노-싸할린에 있는 체홉 기념물, 유주노-싸할린과 꾸릴 반도의 해방을 위해서 싸우다 전사한 소비예트 병사 기념비 등이다.

이곳에는 문화의 집 '무지개'와 문화와 휴식 공원, 러시아 연방 작가연합 지부, 예술가 지부, 여타의 많은 문화 기관 등 모두 138개의 문화 시설이 있다. 주에는 16개의 박물관이 있으며 박물관에는 건축 기념물, 예술품, 고고 유물, 역사기념물 등이 전시되어 있다. 또 2개의 극장이 있는데 체홉 국제 극장과 싸할린주 인형 극장이 그것이다. 싸할린 러시아민족 합창단, 발레 무용단 '그라찌야(Грация) '로드니초크(Родничок)', 러시아 민요 앙상블 '에뜨노스(Этнос)', 주 실내악 오케스트라와 심포니 등이 활발하게 활동하고 있다.

민속 앙상블 '아릴라-니프(Арила-ниф)', '멘구메 일가(Мэнгумэ Илга)', '삘라껜(Пилакен)' 등이 북쪽 민중의 민속예술을 대표하고 있다. 싸할린 주에는 481만 6천 권의 책을 소장하고 있는 207개의 도서관이 운영 중이다.

주민의 대부분은 러시아인이며, 한국인은 소수민족 중 최대이다. 한국 교포들은 제2차 세계대전 중 일제에 의한 강제 징용으로 끌려가 탄광 및 군수 공장에서 혹사당하다가 종전을 맞이하였다. 현재 국회 섬에는 한인 1세와 그 후손 등 약 4만 여명이 살고 있다. 한국인에게 싸할린은 상당히 복잡한 역사적 감흥이 있는 곳이다. 북해도에서 50㎞도 되지 않아 공기가 맑은 날이면 산들이 바라보이는 이곳은 제 2 차 대전까지 남쪽의 절반을 일본이 통치하고 있었다. 그리고 전쟁이 끝난 후 동서의 냉전으로 싸할린은 접근이 금지되었다. '망향의 섬'이라고 불리며 참배를 제외한 외국인의 출입이 금지되었던 곳이었으나 페레스트로이카, 글라스노스트의 영향으로 개방되었다.

싸할린은 자연의 보고로 도시를 나가면 계류가 흘러 낚시를 좋아하는 사람을 유혹한다. 겨울이 되면 따뜻한 남쪽에서 날아오는 겨울 철새들의 서식지이기도 하다. 온천으로 유명한 지역으로 온천수욕과 요양실 등의 시설도 충분하다. 유주노싸할린스크시는 싸할린 지역의 관문이다. 남북으로 긴 싸할린에는 철도가 있고 유주노싸할린스크 역이 발착의 기점이다. 북 싸할린 방면으로는 철도가 유일한 수단이다. 노그리키까지 매일 야간열차가 한번 출발한다.

2) 문화시설

(1) 유주노싸할린스크

크고 작은 섬들로 이루어진 싸할린주의 주도로 인구는 약 18만 명이다. 일본 통치시대의 이름은 풍원이었다. 마을은 스스나이스까야 저지에 펼쳐져 있다. 남북으로 연결되어 있는 철도의 동쪽이 시의 중심이다. 일본 시대의 건물로 지금도 남아 있는 것은 향토박물관과 미술관이다. 예전의 일본 신사는 돌단만이 남아 있다.

(2) 싸할린주 국립 지지 박물관

일본의 통치시대인 1937년에 건설된 박물관이다. 석조건축으로 일본의 성을 연상시킨다. 싸할린의 자연, 역사, 경제, 문화에 관하여 약 8만점의 풍부한 수집품을 전시하고 있다. 1층은 자연의 보고인 추레니 섬이나 오호츠크해에 서식하는 생물의 생태, 싸할린과 천여 개의 섬의 역사나 소수 민족의 생활, 아이누의 자료가 있는 것이 특징이다. 북위 50도선의 일본과 러시아의 구국경에 있었던 표석도 있다. 2층은 20세기 이후 싸할린의 역사를 중심으로 전시되어 있다. 정원에는 러-일 전쟁에서 사용된 러시아와 일본의 대포가 늘어서있다. 또 오하, 노그리키에도 분관이 있다.

(3)싸할린주 국립 예술 박물관

도서관에 인접해 있는 미술관은 옛날 척식은행의 건물이다. 현재는 미술관으로 싸할린의 예술가들의 작품을 전시하고 있고 미술공예품 등이 판매되고 있다.

(4) 전망대

고르니이 보스톡이라고 불리는 표고 600~800m의 전망대이다. 스스나이스까야 저지에 펼쳐 있는 유주노싸할린스크 마을이 한눈에 들어온다. 오른편에 작게 보이는 것이 블라지미로프 촌으로 1882년에 만들어진 싸할린 최초의 마을이다. 전망대 근처에는 70~90m의 캠프대가 있고 겨울에는 스키를 타러오는 방문객으로 번잡한 리조트가 된다.

(5) 가가린 공원과 아동철도

아이들이 운행을 하는 실물크기의 철도이고 동물원과 연못이 있어 시민의 휴식장소가 되고 있다. 안쪽의 산으로 1시간 정도 올라가면 버섯을 채집할 수 있다. 평화대로 북쪽으로 가면 싸할린스까야 거리를 넘어 왼편에는 사우나가 있다.

(6) 꼬르사꼬프

싸할린 남쪽 입구인 꼬르사꼬프는 아니바 항의 로츠시 강 입구에 면해 있는 인구 약 4만 6,000명의 항만도시이며 무역항으로 활기찬 마을이다. 유주노싸할린스크에서 남으로 약 45㎞ 지점에 있다. 도중에 밍크교육장이 있는 사라비프까 마을을 통하여 간다.

주 생산물은 주민의 4분의 1이 종사 하고 있는 어업이다. 볼거리로는 항과 아크차프리스까야 거리가 있다. 꼬르사꼬프 지점은 2층으로 지어진 건물로 일본통치시대의 구척식은행지점이 있었다. 오호쯔크 해에 면한 아름다운 호수인 츠나이차 호수에 발을 담가보는 것도 좋다. 오호쯔크까지 꼬르사꼬프에서 37㎞, 차로는 약 50 분 거리이다.

아무르주
Амурская Область

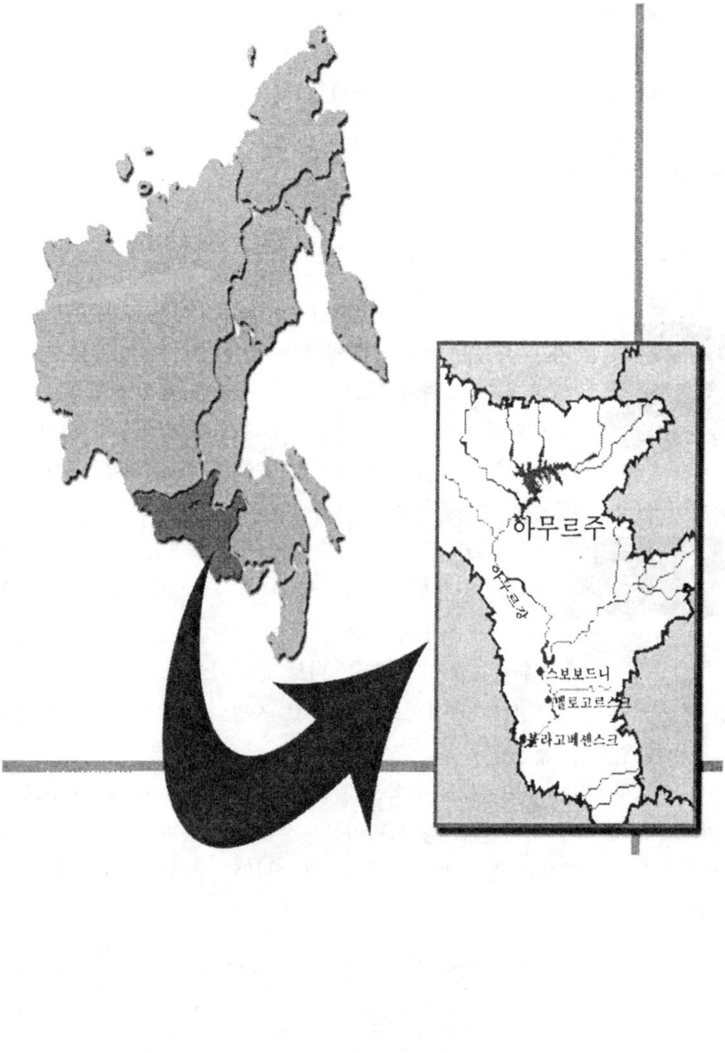

Ⅰ. 개황

1. 기초정보

주 성립일: 1948년 8월 2일 - 아무르주로 분리
(1932년 10월 20일 ~ 하바로프스크 변강주의 일부로 성립)
주도: 블라고베셴스크(Благовещенск)
인구: 990,000명(2001년 현재: 러시아연방 전체의 0.68%; 89개 주체 중 56위)
인구밀도: 2.72명/㎢
면적: 363,700㎢(러시아연방 전체 면적의 2.13%; 89개 주체 중 14위)
소속지구: 극동연방지구; 극동경제지구
한국과의 시차: 0시간

2. 상징

아무르주 문장

아무르주 문장은 1878년 7월 5일 승인된 과거 아무르주의 역사적인 문장을 채택했다. 녹색 방패에는 은빛 파도형태의 띠가 그려져 있고, 그 위에는 세 개의 금빛 8각성이 묘사되어 있다. 방패 위에는 고대 왕관이 씌워져 있고, 방패 주위에는 붉은 리본으로 엮인 금빛 참나무 잎사귀가 장식되어 있다. 아무르주 문장은 1999년 4월 26일 채택되었다.

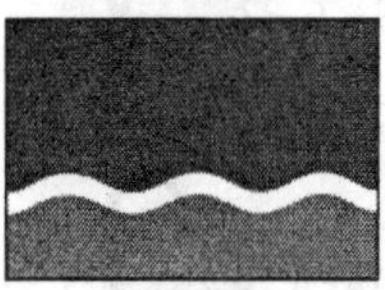
아무르 주기

아무르 주기는 가로, 세로 비율이 3:2로 구성된 장방형 천으로 되어 있다. 주기 하단부에서 1/3지점까지의 청색 부분과 윗부분의 적색 천은 하천의 파도를 연상케 하는 은빛 파도형 띠로 분리되어 있다. 띠의 너비는 깃발의 1/15이다. 깃발 상부는 적색으로 아무르 지방의 풍요로운 역사와 아무르인들의 업적을 상징한다.

은빛 파도형 띠는 아무르주가 남쪽으로 1,246킬로미터를 흐르는 아무르강에 위치하고 있음을 의미한다. 청색은 아무르강을 상징하며, 적색은 아무르 지방의 풍요로운 역사와 경제발전을 의미한다. 아무르 주기는 1999년 4월 26일 채택되었다.

3. 주요도시

블라고베셴스크(Благовещенск): 인구 223,700명; 북위 50°17′, 동경 127°32′
벨로고르스크(Белогорск): 인구 74,200명; 북위 50°55′, 동경 128°28′
스보보드니(Свободный): 인구 70,700명; 북위 51°23′, 동경 128°8′
띈다(Тында): 인구 46,000명; 북위 55°9′, 동경 124°43′
제야(Зея): 인구 30,600명; 북위 53°44′, 동경 127°14′
라이치힌스크(Рай чихинск): 인구 26,400명; 북위 49°47′, 동경 129°24′
시마노프스크(Шимановск): 인구 25,000명; 북위 52°1′, 동경 127°41′
(인구: 2002년 현재)

4. 주요 산업 및 농업

주의 주요 산업으로 식료품산업, 비철금속산업, 석탄채굴업, 기계제작(시추설비, 프레스, 전기크레인, 하천선박), 전력에너지산업, 목재가공업, 건축자재업 등이 발달했으며, 농업부문은 곡물재배, 낙농업, 사슴사육(북부지역), 양봉(남동부 및 중부지역), 모피업(삼림지대), 모피동물사육(북부지역) 등이 발달했다.

Ⅱ. 자연환경

1. 지리적 위치와 구성

아무르주는 러시아 연방의 동남쪽에 위치한다. 20개 행정구, 9개 시 및 29개 도시형마을, 280개의 농촌마을로 구성되어 있으며, 극동지역의 남서부 스따노비 산맥과 아무르강 사이에 위치한다.

아무르주는 하바로프스크변강주, 싸하 공화국, 유태인 자치주, 치따주 및 중국과 경계를 이룬다. 아무르주의 북부 지역에는 스딴산맥(최고도 2,312m)이 위치하고 있으며 좀 더 남쪽으로는 얀깐, 뚜꾸린그라, 쏘끄따한, 다지그디 산맥들이 이어져 있다. 지역의 약 2/5를 제이스크-부레인과 아무르-제이스크 평원이 차지하고 있다.

주요 하천은 아무르강과 그 지류인 제야(Зея), 부레야(Брея), 셀렘자(Селемджа, 제야강 지류), 올레끄마(Олекма, 레나강 지류) 등이다.

수도 블라고베쉔스크(Благовещенск)와 모스크바 간의 거리는 7,985㎞이다.

2. 기후조건

온난기후대, 몬순 대륙성 기후. 연중 내내 바람이 적은 날씨. 연간 평균 풍속이 초속 3.6m를 넘지 않는다.

1월 평균기온: -24 ~ -33℃

7월 평균기온: 18 ~ 21℃

연강수량: 800 ~ 900㎜(특히 7, 8월)

식물 생장 기간: 70(북동 지역) ~ 120일(남동 지역)

식생: 타이가, 혼합림, 스텝 지대

토양: 삼림토, 산악삼림토, 흑토(남부 지역)

삼림분포도: 65%

3. 주요 유용광물

금, 갈탄, 석탄, 석영모래, 석회암, 백색도토, 응회암(凝灰巖), 미네랄 온천 등이 있다.

주요산지:

금: 제야강과 쎌렘자강 상류 지역.

석탄, 갈탄: 라이치힌스크(Райчихинск), 에르꼬베쯔크(Ерковецк), 스보보드니(Свободный).

백색도토: 찰간스크(Чалганск).

석회암: 차고얀스크(Чагоянск).

III. 정치시스템

1. 역사

문헌상의 유적들은 19세기 중반 러시아족 이주민들에 의해 이 지역의 역사에 대해 얘기해준다. 이전 시기, 거의 30만 년 전(전문가들 의견으로는, 바로 그때 현대인류의 선조들이 아무르와 제야로 왔다)을 연구하는 것은 고고학자들뿐이다. 아무르강 연안의 고대 그리고 전세계적으로 유명한 유적들은 꾸마르, 우스찌-따, 필리모쉬크에 있다. 추정할 수 있는 것은 그들은 사냥꾼이었고, 짐승들을 좇아 강을 따라 이주했으리라는 것이다. 아무르, 제야, 그 지류 유역의 상설적인 거주민들은 거의 4만 년 전에 등장했다. 17세기 말에 현재의 연해 및 만주지방의 남쪽부분에는 아무르 민족과 친족관계에 있는 유목민들에 의해 국가가 생겨났다. 이 시기에는 아무르 연안지역 주민들의 성장이 목격된다. 가장 대단하고 극적인 동부시베리아 역사의 페이지 가운데 하나는 러시아족이 아무르에 등장했다는 것이다.

미래의 아무르주의 영토는 1640년대에 러시아 소속으로 들어갔다. 1858년 12월 8일 동부시베리아 총독부 소속으로 블라고베쉔스크시를 중심으로 하는 아무르주가 세워졌다. 1884년부터 1917년까지 주는 쁘리아무르 총독부(중심-하바로프스크시)에 들어갔다. 아무르주의 영토에는 아무르 까자크 부대가 산재했다.

1918년부터 아무르 노동 사회주의공화국이라는 명칭이 되었고 1920-1922년에 극동공화국 소속으로 들어갔다. 1932년 10월 20일에 다시 하바로프스크 변강주 소속의 아무르주로 세워졌다. 1948년 8월 2일부터 러시아연방의 독자적인 주체가 되었다.[1]

---

1) 아무르주의 역사부분은 다음을 번역, 정리하여 구성한 것이다. Амурская область. http://www.migratio.ru/geo/geo_amur.htm; Приамуре. http://www.culturemap.ru/region/69/article.html?topic=7&subtopic=&id=355; http://28rus.com.ru/. (2005년 3월 28일 검색)

2. 권력기관

1) 전체 통치구조상의 특징

아무르주에서 국가권력은 입법, 집행, 사법으로의 분립을 원칙으로 실현된다. 조직적인 권력분립은 독자적인 입법, 집행, 사법기관의 설립에서 확립된다. 각 기관은 서로 상호개입하지 않지만 동시에 균형을 갖추어야 한다.

2) 집행기관

주의 최고 집행 국가권력기관은 주행정부이다. 주행정부의 수장은 단독관리제의 원칙에서 주행정부의 활동을 지도하며 그 권한실현에 책임을 진다. 주행정부 수장은 주의 집행권력의 최고 공직자이다. 주행정부 수장의 지위, 그 선거의 조직과 절차는 주헌장과 주법률로 규정된다.

주행정부 수장은 4년 임기로 비밀투표 하에 보통 평등 직접 선거에 의해 주민들이 선출한다. 주행정부 수장 선거진행 절차는 연방법령을 기반으로 주법률에 의해 규정된다. 주행정부 수장으로는 선거권을 갖고 있고 30세에 다다른 러시아연방 시민이 선출될 수 있다. 동일인물이 두 번을 초과하여 연속으로 주행정부 수장의 직위를 차지할 수 없다. 주행정부 수장은 그 선출이후에, 주행정부의 수석 부수장과 부수장은 그 임명이후에 그들이 갖고 있는 소유재산에 관해 신고하며 매년 소득신고를 공개한다.

주행정부수장은 선거를 하는 순간부터 권한이행에 들어가며 새로 선출된 주행정부 수장이 선거를 하는 순간부터 재임기간의 종료와 함께 권한이행을 중지한다.

주행정부의 성원은 주법령에 따라 주행정부 수장이 구성한다. 주행정부에는 주의 운영구도 및 주행정부의 구조에 따라 주행정부 수장의 명령을 기반으로 위원회, 부, 분과, 국 및 다른 구조적 하위부서가 설치되며, 주행정부 수장 및 그 부수장들에 직접적으로 예속된다.

주행정부의 위원회, 부, 분과, 국 및 다른 하위부서의 구성절차, 권한 및 조직은 이 기관들에 관한 사항에 의해 규정된다. 주행정부의 구조적 하위부서의 지도자들은 주행정부 수장에 의해 독자적으로 임면된다. 주행정부 수장과 그 부수장 활동의 조직적, 법적 지원을 위해 주행정부 수장 기구가 설치된다. 주행정부 하위부서의 구조, 권한 및 주행정부 수장 기구의 업무조직은 주행정부 수장이 승인한, 그에 관한 사항으로 조절된다.

3) 입법기관

아무르주의 상설적으로 활동하는 최고의 그리고 단일한 입법권력기관은 아무르주 인민대의원회의(이하 - 주소비에트)이다.

주소비에트는 주법률이 규정하는 절차에 따라 대표성의 단일한 규준을 기준으로 주의 영토에서 구성되는 선거구별로 다수득표제의 여건에서 비밀투표하에 보통 평등 직접 선거권을 기반으로 주의 주민들에 의해 선출되는 36명의 인민대의원으로 구성된다. 한 회기 주소비에트 의원의 권한임기는 4년이다.

주소비에트의 인민대의원으로는 선거권을 갖고 21세에 다다른 러시아연방 시민이 선출될 수 있다. 주소비에트의 인민대의원은 연방법령을 기반으로 주법률이 규정한 의원의 지위에 따라 자신의 활동을 실현한다. 의원들은 주요 활동의 중단과 함께 상설적인 유급의 기반으로 혹은 주요활동의 중단 없이 소비에트에서 일한다.

상설적인 기반에서 일하는 의원의 수는 주소비에트의 명령에 의해 정해진다. 상설적 기반에서 일하는 주소비에트 의원의 금전적 보수, 그리고 비상설적 기반에서 일하는 의원들의 권한이행에 관련된 지출의 보상절차는 주법령으로 정해진다.

자신의 권한임기동안 주소비에트 의원은 연방법률이 달리 정하지 않았다면 러시아연방 연방의회 국가두마의 의원, 판사가 될 수 없고 러시아연방의 다른 국가직위, 연방 국가업무의 국가직위, 주의 다른 국가직위 혹은 주의 국가업무의 국가직위를 차지할 수 없다. 의원의 활동이 직업적으로 상설적 기반에서 실현되는 경우 의원은 러시아연방 법령이 달리 정하지 않았다면 교육, 학문 및 다른 창조적 활동을 제외한 다른 유급활동에 종사할 수 없다.

주소비에트의 의원은 유권자들에 의해 소환될 수 있다. 주소비에트 의원의 소환절차는 주법률로 정해진다.[2)]

3. 대의정치

1) 러시아연방 대통령 선거

아무르주에는 러시아연방 차원의 선거에서 하나의 선거구가 있다. 전체

2) Устав (Основной закон) Амурской области. http://www.amurobl.ru/index.php?r=3. (2004년 5월 8일 검색)

유권자수는 러시아연방 국가두마의원 선거와 연방대통령 선거의 경우 68만 명 안팎으로 집계되었다.

2000년 3월 26일 실시된 러시아연방 대통령 선거에는 유권자의 68.3%가 투표에 참여했고 뿌친이 투표참여 유권자의 49.3%의 지지를 획득했다. 주요 후보들의 득표율은 다음과 같다.

후 보 명	득표율(아무르주, %)	득표율(러시아연방,%)
지리노프스끼	5.9	2.7
쥬가노프	33.5	29.3
뿌친	49.3	52.8
찌또프	1.2	1.5
뚤레예프	3.1	3.0
야블린스끼	3.1	5.8
모든 후보에 대한 반대	1.4	1.9

출처: Приложение. Результаты голосования на президентских выборах 2000г. по регионам // Президентские выборы 2000 года в России / Под ред. Май ка Макфола, Николая Петрова и Андрея Рябова. М.: Московский Центр Карнеги, 2000; Выборы-2000 в цифрах и событиях. http://www.nns.ru /Elect-2000/result. (2005년 5월 13일 검색)

2) 러시아연방 연방의회

가) 러시아연방 국가두마(하원)의원 선거

1999년 12월 19일 실시된 러시아연방 국가두마의원 선거에서 정당별 투표에 참여한 유권자수는 425,545명으로서 전체 유권자의 62.39%를 차지했다. 아무르주에서 정당별 투표의 최다득표자는 '단결(메드베드)'였다.[3)]

목록	득표수	득표율(아무르주, %)	득표율(러시아연방,%)
야블로코	14114	3.32	5.93
단결(메드베드)	154092	36.21	23.32
지리노프스끼 블록	48063	11.29	5.98

3) 러시아연방 국가두마(하원)의원 선거결과는 러시아연방 중앙선거위원회 및 지역 선거위원회의 사이트에서 제시된 것을 참조. Центральная избирательная ко миссия Россий ской Федерации. http://cikrf.ru/. 자료에 대한 검색은 주로 2003년 10월부터 2004년 1월에 걸쳐 이루어졌다.

조국-전러시아	14758	3.47	13.33
러시아공산당	103539	24.33	24.49
우파연합	19055	4.48	8.52
모든 후보에 대한 반대	13826	3.24	

나) 러시아연방 연방회의(상원)의 성원

아무르주에서 선출된 러시아연방 상원의원은 부슬로바(Г. С. Буслова)와 까르뽀프(А. М. Карпов)이다. 부슬로바는 금융시장 및 통화에 관한 연방회의 위원회 수석부의장, 러시아연방 예산위원회와의 상호작용에 관한 연방회의 위원회 위원, 의회활동 내규 및 조직에 관한 연방회의 위원회 위원, 연방회의의 헌법적 권한의 실현방법에 관한 연방회의 위원회 위원, 정보정책에 관한 연방회의 위원회 위원, 연방회의의 활동지원에 대한 통제위원회 위원으로서, 아무르주 인민대의원회의에서 선출된 대표자이다. 1946년생으로서, 2001년 12월 14일 선출되었고 임기는 2005년 3월 만료된다. 까르뽀프는 청년 및 체육문제에 관한 연방회의 위원회 위원, 자연자원 및 환경보호에 관한 연방회의 위원회 위원으로서, 아무르주 행정부에서 임명된 대표자이다. 1966년 2월 7일생으로서, 2001년 9월 20일 임명되었고 2005년 4월 임기가 만료된다.4)

3) 연방주체의 수장 선거

2001년 3월 25일 아무르주 행정수반 선거가 성립되었다. 9명이 입후보했고 투표는 두 번에 걸쳐 진행되었다. 결선투표는 2001년 4월 8일 성립되었다. 3월 25일 실시된 1차 투표에서 등록된 후보 및 그 득표율은 다음과 같다.

후 보 명	출생년도	선거당시 직위	득표율(%)
벨로노고프 (Белоногов А.Н.)	1939년생	아무르주 행정수반	43.64
보빌레프 (Бобылев Ю.М.)	1950년생	다부문 생산-상업연합 <소유즈> 이사장	10.80
볼꼬프	1952년생	아무르주 노동조합연합 부위	1.62

4) Буслова Галина Семеновна. http://council.gov.ru/sostav/member/m10716.htm; Карпов Александр Михайлович. http://council.gov.ru/sostav/member/m10783.htm.

(Волков Е.И.)		원장	
보쉐보스 (Вощевоз В.В.)	1956년생	러시아연방 대통령의 극동연방지구 전권대표기구의 아무르 관할 연방감독관	7.32
꼬로트꼬프 (Коротков Л.В.)	1965년생	러시아연방 국가두마의원 및 국가두마의 베테랑 문제에 관한 위원회 부위원장	20.47
꾸쉬니르(Кушнир А.М.)	1958년생	저널 <대중교육>의 주(主)편집인	1.48
라부쉐프 (Лабушев В.П.)	1941년생	아무르주 준법기관 근무자들의 협의체 회장	5.34
라다 (Лада В.П.)	1949년생	<고스쩨흐나트조르> 아무르주 행정부의 벨고르스끼 라이온 담당분과의 장	0.80
쉬쩨인 (Штей н П.С.)	1951년생	아무르주 부레이스끼 라이온 행정부 수장	7.93

지사 선거에는 등록된 유권자의 44.02%가 참여했다. 모든 후보에 대한 반대에는 10.23%가 투표했다.

득표율이 많은 상위의 두 후보, 벨로노고프와 꼬로트꼬르를 대상으로 결선투표가 실시되었다. 아무르주 지사로는 꼬로트꼬프가 당선되었다.5)

2. 경제 시스템

1) 경제개황

아무르 주는 7개의 연방지구 중 중앙연방지구에 속하고 12개의 러시아 경제지역 중 극동경제지역에 속하며 영토규모에 있어 가장 큰 지역 중의 하나로 손꼽힌다. 이 지역은 경제적인 측면에서 매우 발달한 지역으로 알려져 있다. 최근에는 아무르 주의 경제부문에 본질적인 변화가 발생하기도 하였다. 즉, 시장경제 인프라가 형성되었다는 것이다. 이에 따른 결과로 금융체계가 성공적으로 발전하였고 외국의 새로운 자본이 유입되고 있으며 외국기업과

5) Регионы - Губернаторские выборы в 2001 году - Амурская область. http://i1600.100mb.ru/~grankin/archiv/reg28el.htm.

합작한 공업기업의 수가 증가하고 있다.

이 지역의 경제가 발전할 수 있었던 이유는 지리적인 위치가 큰 역할을 해왔다. 즉, 아무르 주는 주요 철도간선을 끼고 있으며 경제지역의 중심축이 되는 위치에 있으므로 대외경제활동을 하기 위한 충분한 전제조건이 이루어져 있다. 아무르주의 주요한 경제협력국은 아시아 태평양지역의 나라들로서 중국, 일본과 북한 등이다.

아무르주의 전체지표인 지역총생산은 러시아대비 0.5%의 규모를 가지고 있다. 아무르주의 지역총생산과 1인당 지역총생산을 들어보면 다음과 같다.

아무르죠 지역총생산액 추이

항목 \ 년도	1996	1997	1998	1999
지역총생산	12,528	15,382	14,727	22,773
1인당 지역총생산	12,109	14,973	14,449	22,534
지역총생산 지수		91.1	89.4	103.9

http://www.infostat.ru/epub.htm (검색일: 2003.1.10)

아무르주의 지역총생산의 주요 구성 비율을 보면 운송이 상대적으로 우위를 점하고 있으며 약 22.9%에 이르고 있다. 그리고 공업과 농업도 큰 비중을 차지하고 있고 이것은 15.8%와 14.7%에 이르고 있다. 그 외 건설과 유통이 각각 3.4%, 13.9%에 이르고 있다. 특히 아무르주의 유통부분에 등록된 4,000개의 기업들은 다양한 유통 업무에 종사하고 있으며 21,000명이 이 분야에 종사하고 있다.

아무르주 기업의 주요 분야는 기계건설과 금속가공이며 대부분은 주식회사의 형태를 띠고 있다. 각 기업부문의 지표에 있어 총 기업수와 소 기업수 그리고 공업활동기업수를 연도별 추이로 살펴보면 다음과 같다.

기업수 추이

항목 \ 년도	1997	1998	1999	2000
총기업수(연말)	13,499	13,453	13,674	14,033
소기업수(연말)	4,328	3,765	3,105	3,829
활동기업수	681	746	709	798

http://www.infostat.ru/epub.htm (검색일: 2003.1.10)

위의 기업들은 앞서 언급한 기계제작 및 금속가공이외에도 금 채굴에 종사하고 있다. 이 지역의 금생산은 러시아 전체에서 3번째 위치를 차지하고 있을 만큼 비중이 큰 분야이기 때문이다. 이와 더불어 이 지역은 삼림 자원이 풍부하기 때문에 삼림공업단지에 대한 경제활동이 활발하다. 대표적인 회사로는 개방형주식회사인 '띤달레스(Тындалес)'가 있다.

아무르주에는 5개의 상업은행이 영업 중에 있다. 이들 중 3개는 개방형주식회사이며 나머지 2개는 폐쇄형주식회사이다. 아무르주의 상업은행은 12개의 지점을 가지고 있다. 또한 이들 은행 이외에도 다른 지역의 상업은행의 지점으로써 총 25개의 기타 은행들이 이 지역에서 은행시스템을 이루고 있다.

2) 산업

(1) 공업

아무르주의 주요 공업도시로는 브라가베센스크, 벨로고르스크, 라이치힌스크, 쉬마노프스크, 스바보드니, 띤다 등이 있다. 특히 제야시는 아무르주의 금 채굴공업의 중심지로 시베리아 주요 간선철도로부터 120km 떨어져 위치하고 있다. 최근 이 지역에서는 금의 채굴량이 급격히 증가하고 있다. 금과 보석 이외에도 아무르주에는 원료자원들이 풍부하므로 이 지역의 공업은 원료 지향성을 띠고 있고, 그 결과 최종 소비재의 생산부문에 대한 필요성이 대두되고 있다.

아무르주의 총 공업생산량과 공업생산지수를 연도별 추이로 보면 다음과 같다.

총 공업생산량 추이

항목 \ 년도	1997	1998	1999	2000
총 공업생산량	5,496	5,231	6,913	8,878
공업생산 지수	87	89	104	113

http://www.infostat.ru/epub.htm (검색일: 2003.1.10)

아무르주의 공업부문별 구조에 있어 어떤 것이 주요한 부문이고 그 비율들이 얼마나 되는가를 보는 것은 공업 기여도를 평가하는데 중요한 자료일 것이다. 아무르주는 기계 제작이 발달한 지역이며 이외 여타 부문들이 어떤 비율을 가지고 있는지 표로 살펴보면 다음과 같다.

주요 공업생산부문별 생산비율

생산부문	아무르주 총공업생산 비율
전기전력	34.3%
연료공업	4.7%
철강업	0.7%
비철금속	29.6%
화학 · 석유화학	0.1%
기계제작 · 금속가공	6.3
목재가공, 종이 · 펄프	5.7%
건재공업	3.3%
경공업	0.3%
식품공업	10.2%
제분 · 곡물사료	4.2%
기타	0.6%

http://www.infostat.ru/epub.htm (검색일: 2003.1.10)

(2) 농업

아무르주의 농업은 기후 및 자연적 조건이 매우 발달해 있고 토양이 흑토로 구성되어 있다는 입지 조건으로 인해 발달되어 있다. 따라서 이 지역의 면적의 38%에 해당하는 부분이 농경지로 집중 사용되고 있다.

주로 농경지의 대부분은 남부와 중부지역에 분포되어 있고 이 지역에서는 곡물, 콩, 채소 등 다양한 종류의 작물들이 재배되고 있으며 특용작물도 여타 지역에 비해 매우 많은 양을 생산하고 있다. 단순한 농작물 이외에도 사료용 작물의 생산량도 풍부하여 돼지와 기타 조류를 많이 사육하고 있다.

이와 더불어 이 지역에는 대규모 농공업단지가 위치하고 있으며 이 기업들은 농경 기술을 제공하고 광물비료를 공급하며 작물과 가축을 보호하기 위한 기타 화학적 재료들을 생산하고 있다.

아무르주의 농업전반을 보기위해 총 농업생산량과, 총 농업생산액 중 작물관련 생산액, 총농업생산액 중 가축관련 생산액을 연도별 추이로 살펴보면 다음과 같다.

농업생산량 추이

항목 \ 년도	1997	1998	1999	2000
총농업생산액	2,971.3	2,904.6	5,289.7	6,637.0
작물관련 생산액	1,952.9	2,015.3	3,644.4	4,502.8
가축관련 생산액	1,018.4	889.3	1,645.3	2,134.2
농업생산 지수	95	99	101	103

http://www.infostat.ru/epub.htm (검색일: 2003.1.10)

아무르주의 총 경지면적에서 재배되는 각 작물들의 면적비율을 살펴보면 주요 농산물과 기여도를 파악할 수 있다. 아무르주의 총 파종면적을 보면 2000년을 기준으로 65만 9,500 헥타르이고 여기에 주로 파종되는 작물의 종류를 보면 곡물이 35.7%, 사료용 작물재배가 28.8%, 그리고 특용작물이 30.1%, 감자와 채소가 5.5%를 차지하고 있다. 아무르주의 농업부문의 특징은 특용작물이 여타 지역과 비교하여 다량 생산되고 있다는 점이다.

아무르주의 농업생산에 있어 2000년의 주요 생산카테고리의 비율을 살펴보면 다음과 같다.

곡물-12만1,000 톤; 감자-39만 8,300 톤; 채소-11만 4,500 톤; 가축과 (도살 후 무게)-2만 2,400 톤; 우유-18만 9,200 톤 등이다.

특히 이 지역에서 생산되는 콩은 주로 연해주 등 인근지역으로 전량 수출되며 기타 농작물의 경우에는 아무르주 자체의 주민들의 수요량을 충족시키고 있다.

3) 자원 등 기타

아무르주는 막대한 자원의 잠재력을 갖고 있는 지역이다. 이 지역의 구조적, 지리학적인 위치로 말미암아 광물자원은 매우 풍부하고, 가장 중요한 자원은 유용지하자원이다.

아무르주에는 60종의 광물원료가 있으며 이중에는 금과 은, 백금, 티탄, 구리, 석탄 및 갈탄, 장식용돌, 희귀원소, 우란 그리고 다이아몬드 등이 포함되어 있다.

비광산자원으로는 123개의 매장지가 발견되었으며 비금속 유용지하자원인 백운석, 모래, 점토, 규조토, 석면, 인회석 등이 분포하고 있다.

전체적으로 아무르주의 경제적 잠재력은 단지 광물자원의 보유량으로 평가할 때도 4,000억 달러에 이른다. 아울러 이 지역의 경제에 막대한 기여를 하는 것은 석탄과 금이다. 금의 채굴은 가장 우위의 업종으로 아무르주의 많은 관심은 금광의 개발에 있다. 특히 빠크로프 매장시의 금 매장량은 60 돈에 이르는 것으로 알려져 있으며 이것들은 사금의 형태로 분포하고 있다. 석탄과 갈탄의 자원 잠재력은 710억 톤이다.

아무르주의 수자원 역시 매우 풍부하다. 아무르강과 제야강, 셀렘좌강, 길류이강, 부레야강, 알레크마강, 뉴좌강 등 7개의 큰 강이 있으며 그 길이는 500km에 달한다. 이러한 강들로 인해서 러시아 극동지역에 위치하는 수력발전소의 3/4가 아무르주에 위치하고 있다. 또한 담수, 미네랄수, 지하온천수도 풍부하다. 특히 지하담수는 전 지역에 분포되어 있고 42개의 미네랄수정은 널리 알려져 있다.

아무르주는 산림이 많은 지역으로 전 면적의 73%인 2,180만 헥타르가 숲으로 덮여 있다. 산림의 주종을 이루는 것은 낙엽송, 소나무, 전나무, 참나무와 자작나무 등이다. 또한 아무르주의 동물계도 다양하고 풍부하며 총 64종의 포유류와 326종의 조류, 10종의 파충류와 7종의 양서류, 68종의 어류가 서생하고 있다.

V. 문화시스템

1. 지역정체성

1) 인구

아무르주의 2001년 인구는 990,000명이다. 아래 표에서 볼 수 있듯이, 아무르주의 인구수는 1990년대부터 지속적으로 감소추세를 보인다. 10년간(1990-2000) 아무르주의 인구감소율은 7%이상이며, 그중 도시 인구는 10% 이상 감소한 반면, 농촌 인구는 0.3%정도 증가했다. 인구의 전반적인 감소는 출생률보다 높은 사망률과 많은 인구 유출에 기인한다. 주인구의 66%가 도시에 거주하며, 인구밀도는 1㎢ 당 2.72명이다.

아무르주 인구변동 추이

연도	1990	1992	1993	1994	1995	1996	1997	1998	1999	2000	2001
인구수 (1,000명)	1,059	1,068	1,055	1,049	1,033	1,030	1,024	1,016	1,008	998	990

Российский статистический ежегодник. Госкомстат России. М., 2001. С. 83.

러시아연방의 다른 주체들에서와 마찬가지로, 아무르주에서도 1990년대 들어 출생률에 비해 높은 사망률에 따른 인구 자연증가율이 점차 마이너스를 기록하고 있다. 아무르주의 인구 자연증가율은 다음과 같다.

아무르주 출생자수, 사망자수, 자연증가율

연도	출생자수(명)	사망자수(명)	자연증가율(명)
1990	17,087	9,501	8,036
1992	12,880	10,513	2,367
1993	10,944	12,759	-1,815
1994	11,112	13,381	-2,269
1995	10,533	12,431	-1,898
1996	10,171	12,712	-2,541
1997	9,617	12,089	-2,472
1998	9,931	11,641	-1,710
1999	9,312	12,612	-3,300
2000	9,433	13,532	-4,099

Российский статистический ежегодник. Госкомстат России. М., 2001. С. 123.

2000년도 말 아무르주의 경제활동 인구 중 86.2%가 고용상태였다. 각 주요도시들에서는 노동시장의 유연성을 높이는 방법을 모색하고 있다.

고용인구의 평균 연령은 38세이며, 경제부문에 고학력 노동력이 가장 많이 집중되어 있다. 현재 경공업, 농업, 건축 부문은 전문 인력에 대한 수요가 매우 부족한 상태이다.

아무르주 경제활동인구(취업자, 실업자), 실업률

연도	경제활동인구 (1,000명)	취업자수 (1,000명)	실업자수 (1,000명)	실업률(%)
1992	564	537	27	4.7
1993	546	517	29	5.3
1994	523	477	45	8.7
1995	518	449	69	13.4
1996	507	451	56	11.0
1997	511	432	80	15.6
1998	508	425	82	16.2
1999	517	433	84	16.2
2000	520	450	70	13.4

Россий ский статистический ежегодник. Госкомстат России. М., 2001. С. 140.

2) 민족

아무르주에는 총 80여 민족이 거주하고 있다. 그 중 러시아인은 86.8%로 대부분을 차지하고 있으며, 그 다음으로 우변강주나인 6.7%, 벨라루스인 1.7%, 따따르인 0.9%, 아제르바이잔인 0.6%, 아르메니아인 0.3%, 바슈끼르인 0.3%, 모르드바인 0.2%, 독일인 0.2%, 추바슈인 0.2%, 에벤크인 0.2% 등이 거주한다.

3) 교육

아무르주에서 교육의 역할은 매우 지대하다. 학생들에게는 매우 다양한 음악, 예술, 기술학교 및 클럽이 개방되어 있으며, 이를 통해서 많은 학생들이 다양한 보충교육을 받고 있다. 현재 주에는 549개 중등학교를 비롯한 다양한 학교가 운영되고 있다. 34개 학교에서 7,100여명의 학생들이 심화학습을 하고 있으며, 133개 대학입학 예비학부 및 23개 물리-수학학급에서 579명의 중등학생이 수학하고 있다. 아무르 국립대학에는 물리-수학 학교가 부설되어 운영되고 있으며, 블라고베셴스크 사범대학에는 고학년을 위한 주학술협회가 설치되어 있다.

아무르주에는 초중등 직업교육 시스템이 발달해 있다. 이곳에는 23개 특수 중등 교육기관과 28개 전문기술학교가 개설되어 있다. 특수 중등교육기관에서는 매년 17,000명의 학생들이 산업, 건설, 농업, 보건, 교육, 운송, 경제, 체육, 예술 분야 등의 교육을 받고 있다.

아무르주 고등교육 시스템에는 1개 아카데미, 3개 대학 및 2개 군사교육기관이 개설되어 있다. 또한 극동 국립농업대학, 블라고베셴스크 국립의학아카데미, 블라고베셴스크 국립사범대학, 극동군 참모학교, 블라고베셴스크 전차학교가 개설되어 있다.

고등교육기관에는 주간, 야간 및 통신교육생 총 12,300명이 수학하고 있다. 이곳에서는 자연과학, 인문과학, 경제, 노동, 물리학, 미학, 보건, 보육, 상품 및 용역 판매, 소비재 생산기술, 건축, 조각, 농업, 임업, 에너지학 등 다양한 전문교육이 시행되고 있다.

최근에는 시장경제 여건에 대처하기 위해 새로운 전문분야가 도입되고 있다, 극동지역에서 가장 전통 있는 블라고베셴스크 국립사범대학은 1930년 단과대학으로 출발, 1996년 종합대학으로 승격되었으며, 아무르주에 필요한 교원을 배출하고 있다.

1950년 농업인력을 양성하기 위해 블라고베셴스크에 설립된 농업전문학교가 1993년도에 대학으로 승격되어 농업인력 및 수의사, 경리, 건축공, 기계공 등을 양성하고 있다.

최근 주가 성장, 발전함에 따라 점차 많은 의료인력이 요구되고 있다. 블라고베셴스크에는 1952년도에 의과대학이 설립되어, 1995년도에 아카데미 칭호가 부여되었다. 최근에는 치료학부에 1,800명의 학생이 수학하고 있다.

1995년 블라고베셴스크에 국제기업아카데미 교육센터가 설립되어, 매년 경제 및 법률 전문가를 배출하고 있다.

아무르주에는 유상교육이 도입되어 시행되고 있다.

2. 지역문화

1) 문화개괄

아무르주에는 2개의 극장과 음악당, 15개의 분관을 가진 박물관, 그리고 39개의 예술학교, 주립 민속창작관, 한 개의 노동자연맹관과 82개의 민속 단체, 988개의 도서관, 역사와 문화 유적 보존과 사용에 관한 연구 방법론 센터와 연구 생산 센터, 서점, 예술서적상, 전시장, 7개의 문화 휴식 공원, 3개의 창작 연합 단체, 역사 문화유산 보존에 관한 전 러시아 문화 사회 재단의 아무르 지부가 있다.

아무르 주립 드라마 코미디 극장은 극동 지역에서 가장 오래된 것이다. 이 극장은 1883년 12월에 주도 블라고베셴스크에서 개관하였다. 이 극장에서는 러시아와 해외 고전들과 현대 작가의 희곡들이 공연된다. 이 극장은 1984년 노동 적기 훈장을 수상했다.

아무르주에는 필하모니와 쇼를 공연하는 음악당이 있는데 1961년 4월에 블라고베셴스크에서 창립된 것이다. 보리꼬프 다우르스키 기념 아무르 주립 지역학 박물관은 1891년 블라고베셴스크의 전시관을 기저로 니꼴라이 왕녀와 왕위 후계자의 방문을 기념하여 설립되었다. 지금 이 박물관은 주요한 연구 기관으로 자리 잡았다. 박물관은 17만여 점에 이르는 소장품을 보유하고 있다.

블라고베셴스크시에는 드라마 극장이 자리하고 있는데 이것은 아무르 주의 백만명이 넘는 주민들에게 유일한 전문적 극장 예술 센터라 할 수 있다. 1948년에서 1962년까지 이 극장은 연출가 우랄로프(Н. И. Уралов)의 지도하에 있었다. 러시아 인민배우들인 로스또프쩨프(В. Ростовцев), 스빠스끼(Л. Спаский), 마뜨베예프(В. Матвеев), 베뜨로프(Б. Ветров)등과, 러시아 공헌 예술가 보로프킨(Е. Боровкин), 비소츠까야(О. Высоцкая), 수쁘룬(Н. Супрун), 첵마료프(В. Чекмарев), 꼬르무쉬낀(Н. Кормушкин), 뻬르샤꼬프(С. Першаков), 쉐르바꼬프(В. Щербаков), 미류꼬바(Н. Мирюкова), 라쁘쩨바(А. Лаптева), 까자꼽쩨프(А. Казаковцев), 바실리예바(Л. Васильева), 파즐레예프(Р. Фазлеев), 하리소프(С. Харисов) 등은 아무르주의 극예술 발전에 지대한 공헌을 하였다. 극장 단원들은 '극동지방 극장의 봄'과 '시베리아와 극동의 영웅적 형성' 같은 축제에서 최고상을 수상하였다.

1990년부터 1997년까지 극장 개축 공사가 시작되었고 오랜 시간 끝에 극장은 새롭게 탄생했다. 1997년 12월 19일 극장은 새로운 건물에서 114번째 새로운 시즌을 개막했다. 총 325석의 관람석과 편안한 로비, 매표소, 카페가 새로 갖춰졌다. 1997년에서 98년까지의 시즌은 매우 성공적으로 치러졌고 거의 모든 주야 공연이 대흥행으로 끝났다. 이 기간 동안 극장에는 많은 청소년과 아이들이 다녀갔다. 114번째에서 115번째 시즌 동안 아무르 극장에는 새로운 작품이 공연되었는데 로보제로프(С. Лобозеров)의 「제3자가 낀 가족의 초상」(연출은 러시아 공훈 예술가인 파즐레예프 Р. Фазлеев였다), 사강의 「풀 속의 피아노」(연출은 모스크바의 고르닉, Д. Горник), 오스뜨로프스끼(А. Островский)의 「번화한 곳에서」(연출은 모스크바의 헤이페쯔, Л. Хейфец, 꼰니이, Б. Конный) 등이 있다.

공연 작업 외에도 아무르 드라마 극장은 관객들로 하여금 연극을 관람하게하고 극장 모임에 초대하며, 시나 주의 기업들의 기념식을 조직하는 등 매우 광범위한 사회 계몽 활동을 하고 있다.

2) 문화시설

주 지지 박물관

주 지지 박물관 전경

1891년 8월 16일 아무르주 지도부는 금세공업자들의 기부금을 바탕으로 하는 박물관 창립을 결정하였다. 이런 이유로 주립 지역학 박물관은 지역 금세공업 박물관을 기초로 창설되기에 이른다.

박물관의 구성은 다방면에서 시장인 베네딕트 뻬뜨로비치 예피모프(Венедикт Петрович Ефимов)의 도움을 받았다. 그는 시의 지식인들에게 박물관 지원과 전시품 기부를 요청하는 편지를 보냈을 뿐만 아니라 여러 가지 보석을 박물관에 기증하였다. 처음에 박물관은 주청사 건물 내에 자리하게 된다.

1982년 박물관에는 볼빈(О. Болвин)이 기증한 벽옥으로 만든 호랑이와 검은 토끼 가죽이 입수된다. 이것들은 박물관 최초의 입수물이다. 박물관의 초창기는 그리 나쁘지 않았으나 시 지도부는 박물관을 제대로 관리하지 못했고 1892년에서 96년까지는 입수물이 거의 없었다. 몇 년 후 박물관이 쇠퇴하자 시의회는 새로운 규약의 도입을 결정했다.

시의회 의장으로 선출된 끼릴로프(A. B. Киллилов)가 박물관과 도서관에 관한 규정을 제시하고, 1910년 4월 12일 대중을 위한 박물관 개관 문제를 심의하였다. 1911년 가을, 박물관은 '미국 골목'으로 이전하게 된다. 이곳은 전에 여학교 기숙사였는데 그 건물의 반을 점유하게 된다. 다른 절반은 도서관이 차지한다. 최근 박물관으로 많은 새로운 진열품들이 반입되는데 지리학, 식물학, 인종학적 물품, 수백 가지의 광물 등 아무르 지역에서 수집한 매우 다양한 자료들이 들어오고 있다.

연해 변강주
Приморский Край

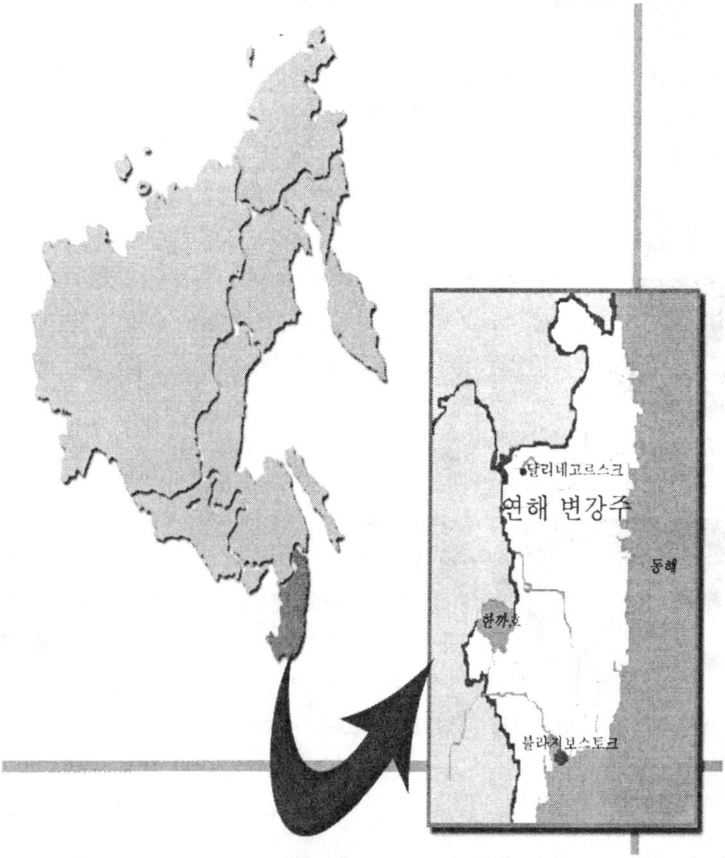

Ⅰ. 개황

1. 기초정보

변강주 성립일: 1938년 10월 20일.
주도: 블라지보스토크(Владивосток)
인구: 2,155000명(2001년 현재: 러시아연방 전체의 1.5%; 89개 주체 중 24위)
인구밀도: 13명/㎢
면적: 165,900㎢(러시아연방 전체 면적의 0.97%; 89개 주체 중 25위)
소속지구: 극동연방지구; 극동경제지구
한국과의 시차: +1시간

2. 상징

연해 변강주 문장

연해 변강주의 문장은 녹색 바탕에 청색 십자가가 새겨진 형상으로, 녹색 바탕의 하단부에 걷고 있는 금빛 호랑이가 묘사되어 있다. 연해 변강주의 문장은 1995년 2월 22일 채택되었다.

연해 변강주기는 대각선으로 나 있는 백색 띠에 의해 구분된 두 개의 삼각형으로 구성된 장방형 천으로 되어 있다. 상단부의 삼각형은 적색이며, 하단부의 삼각형은 청색이다.

연해 변강주기

깃대 쪽 상단부 구석에는 걷고 있는 우수리 호랑이가 묘사되어 있다. 깃발의 색상으로 러시아 연방 국기와 동일한 색상이 채택되었는데, 이는 연해 변강주 지방과 러시아연방과의 통합을 상징한다. 연해 변강주기는 1995년 2월 22일 채택되었다.

3. 주요도시

블라지보스토크(Владивосток): 인구 596,800명; 북위 43°8′, 동경 131°54′
나호트까(Находка): 인구 155,500명; 북위 42°49′, 동경 132°53′
우쑤리스크(Уссурий ск): 인구 155,500명; 북위 43°49′, 동경 131°58′

아르쫌(Артём): 인구 65,700명; 북위 43°22′, 동경 132°11′
아르세니예프(Арсеньев): 인구 64,800명; 북위 44°10′, 동경 133°17′
스빠스크-달리니(Спасск-Дальный): 인구 55,300명; 북위 44°36′, 동경 132°49′
빠르찌잔스크(Партизанск): 인구 46,200명; 북위 43°9′, 동경 133°8′
달리네고르스크(Дальнегорск): 인구 44,900명; 북위 44°32′, 동경 135°31′
레쏘자보쯔크(Лесозаводск): 인구 44,600명; 북위 45°29′, 동경 133°29′
볼쇼이 까멘(Большой Камень): 인구 39,700명; 북위 43°7′, 동경 132°20′
달리네레첸스크(Дальнереченск): 인구 32,500명; 북위 45°56′, 동경 133°43′
포끼노(Фокино): 인구 25,200명; 북위 42°58′, 동경 132°24′
(인구: 2002년 현재)

4. 주요 산업 및 농업

변강주의 주요 산업으로 어업, 비철금속업, 임업, 목재가공업, 기계제작, 금속가공업, 광산화학공업, 에너지산업, 경공업, 식료품산업 등이 발달했으며, 농업부문은 벼, 귀리, 콩, 밀, 감자, 야채재배, 모피, 녹용채취, 낙농업, 모피동물 사육, 사슴사육, 양봉 등이 발달했다.

Ⅱ. 자연환경

1. 지리적 위치와 구성

연해 변강주는 25개 행정구, 12개 시, 47개 도시형마을, 224개의 농촌마을로 구성되어 있으며, 연해주에 위치하고 동해로 둘러싸여 있으며, 러시아연방 극동지역 남부에 위치한다.

연해 변강주는 중국, 북한, 하바로프스크 변강주와 경계를 이루고, 루스끼, 슬라뱐스끼, 레이네께(Рей неке), 뿌짜찌나(Путятина), 아스꼴트(Аскольд) 등의 섬을 포함한다. 주의 동쪽에는 씨호떼-알리니산(1,855m)이 남서쪽에는 우수리와 쁘리한까이 저지대가 위치하고 있다.

주요 하천으로는 우수리(Уссури)강(아무르강의 지류)이, 호수로는 한까(Ханка)호가 유명하다.

수도 블라지보스토크(Владивосток)와 모스크바 간의 거리는 9,302㎞이다.

2. 기후조건

온난기후대, 극동몬순 기후

1월 평균기온: -12 ～ -27℃(내부 지역)

7월 평균기온: 14 ～ 21℃

연강수량: 600 ～ 900㎜(특히 7, 8월)

식물 생장 기간: 125 ～ 140일(저지대), 여름 태풍이 자주 발생한다.

식생: 타이가와 혼합림

토양: 갈색삼림토(산지), 갈색-회백토 및 얇은 충적토(평야지대)

삼림분포도: 75%

3. 주요 유용광물

주석, 다금속광, 볼프람, 금, 형석, 석탄, 건축자재 등이 있다.

주요산지:

주석: 까발레로프스크(Кавалеровск).

볼프람: 보스토크(Восток).

다금속광: 니꼴라예프스크(Николаевск).

형석: 보즈네센스크(Вознесенск).

석탄: 리뽀베쯔크(Липовецк).

칼리-마그네슘염: 베르흐네깜스크(Верхнекамск), 레찌호프스크(Реттиховск), 빠블로프스크(Павловск), 비낀스크(Бикинск).

III. 정치시스템

1. 역사

블라지보스토크 지역은 1850년대에 러시아 항해자들에 의해 탐구되었다. 1860년대에 작은 만 황금뿔(Золотой Рог)의 연안에 러시아의 범선부대 <만주>는 군사초소를 세웠고 '블라지보스토크'이라는 명칭을 얻었다. 1871년에 블라지보스토크로 시베리아 소함대의 주요기지가 (니꼴라예프스크-나-아무레에서) 이전되었다. 1879년에 블라지보스토크를 상뜨-뻬쩨르부르크와 오데사에 연결시키는 상시적인 항로가 생겼다. 1880년에 블라지보스토크는 무라비예프-아무르 반도와 함께 특별 총독부로 분리되었고 도시로 인정되었다. 1888년부터는 연해주의 중심이 되었다. 1897년에 하바로프스크-블라지보스토크를 잇는 철도가 건설되었고, 1903년에는 위대한 시베리아 횡단철도에 따라 모스크바와의 직접적인 철도교통이 개시되었다. 1917년 소비에트 권력의 확립이후 도시에는 여러 번에 걸쳐 정부가 바뀌었고 일본, 미국, 영국군의 부대가 상륙했다. 1920-1922년에 블라지보스토크는 극동공화국의 중심이었다. 1922년부터는 러시아 사회주의공화국 소속이 되었다. 현재의 경계를 갖는 러시아의 행정-영토적 단위로서 연해 변강주는 1938년 10월 20일 구성되었다.[1)]

2. 권력기관

1) 전체 통치구조상의 특징

연해 변강주의 국가권력기관체계는 러시아연방의 헌법적 구조의 기반, 연방법률로 정해진 대의 및 집행 국가권력기관 조직의 일반적 원칙에 따라 독자적으로 정해진다.

연해 변강주에서 입법권력을 실현하는 것은 다음과 같다. 우선, 상시적으로 혹은 우선적으로 연해 변강주 영토에 거주하는 러시아 시민이 변강주 단위의 주민투표를 통해서 직접 실현한다. 그리고 연해 변강주의 입법회의에

---

1) 연해 변강주의 역사부분은 다음을 번역, 정리한 것이다. Приморский край . http://www.migratio.ru/geo/geo_prim.htm. (2005년 3월 28일 검색)

의해서도 실현된다. 연해 변강주에서 집행권력은 연해 변강주의 지사, 그에 의해 구성되는 기관과 그가 임명하는 집행권력의 공직자들이 실현한다. 연해 변강주에서 사법권력을 실현하는 것은 러시아연방의 단일한 사법체계에 들어가는 연해 변강주의 법원이다. 변강주 영토에서 사법기관의 형성과 활동절차는 연방법률로 조절된다. 연해 변강주의 검찰은 러시아연방 검찰의 단일한 중앙집중화된 체계에 들어간다. 그 권한, 조직 및 활동절차는 연방법률로 규정된다. 변강주 검찰은 연방 법률이 정한 절차에 따라 러시아연방의 검찰총수에 의해 임명된다.

2) 집행기관: 연해 변강주 지사와 행정부

연해 변강주 지사는 러시아연방 헌법, 연방법률, 연해 변강주 헌장, 변강주 법률과, 러시아연방 국가권력기관의 조약에 의해, 만일 이 조약이 집행권력의 실현에 관련된다면, 정해진 여건에서 그리고 그 영역에서 국가권력을 실현하는 최고의 공직자이다. 연해 변강주 지사는 연해 변강주의 집행권력을 조직하여 그것을 지휘한다. 연해 변강주 지사는 연해 변강주에서 집행권력의 조직과 실현에 대한 책임을 진다.

연해 변강주 지사는 선거공고일 현재 30세 이상의 나이를 갖는 러시아연방 시민들 가운데서 비밀투표 하에 보통 평등 및 직접 선거권을 기반으로 4년 임기로 선출된다. 동일한 인물이 두 번의 임기를 초과하여 연속으로 연해 변강주 지사의 직위를 차지할 수 없다.

연해 변강주 입법회의는 다음의 경우에 연해 변강주 지사에 대한 불신임을 표명할 수 있다. 러시아연방 헌법, 연방법률, 연해 변강주의 헌장과 법률에 위배되는 규칙을 그가 발포한 경우. 만일 그러한 위반이 관련 법원에 의해 확정되었는데도 연해 변강주 지사가 법원의 결정이 효력을 발생한 날로부터 한달 동안 지적된 위반을 없애지 않는다면. 러시아연방 헌법, 연방법률, 러시아연방 대통령의 명령, 러시아연방 정부의 명령, 연해 변강주의 헌장과 법률에 대한 다른 심각한 위반. 만일 이것이 시민의 권리와 자유에 대한 막대한 침해를 초래했다면. 연해 변강주 지사에 대한 연해 변강주 입법회의의 불신임에 관한 결정은 의원의 정해진 수의 3분의 1 이상의 발의로 의원의 정해진 수의 3분의 2 이상의 찬성으로 채택된다.

연해 변강주에서 집행 국가권력기관은 연해 변강주 행정부이다. 연해 변강주에서 집행권력 체계를 구성하는 기관과 공직자는 연해 변강주의 법률과 지사의 규칙을 기반으로 그리고 그것에 따라 집행-운영활동을 실현한다.

3) 입법기관

연해 변강주의 대의 그리고 유일한 입법기관은 연해 변강주 입법회의로서 39명의 의원들로 구성된다. 연해 변강주 입법회의는 연해 변강주 법률이 정한 절차에 따라 그리고 그 조건에서 4년 임기로 선출된다. 연해 변강주 입법회의는 상설적으로 활동하는 기관이다.

연해 변강주 입법회의의 의원들은 연해 변강주 영토에 상설적 혹은 최우선적으로 거주하는 러시아의 시민을 대표하며 그들의 이해, 권리의 규준 및 자신의 양심에 의해 지도된다. 제왕적 통치는 무효이다. 연해 변강주 입법회의 의원의 법적 지위는 연해 변강주 법률이 조절한다.

연해 변강주 입법회의 의원들은 상설적 기반에서 자신의 권한을 실현하거나 혹은 다른 활동과 함께 입법회의의 업무에 참여한다. 연해 변강주 입법회의의 의원은 국가 및 시 업무에 소속될 수 없고, 국가 및 시 직위를 차지할 수 없으며 연해 변강주 입법회의에 그 이해를 대변하기 위한 인물로부터 보수를 받을 수 없으며, 또한 연해 변강주의 지사, 연해 변강주 집행권력기관 및 공직자로서 금전적 그리고 재산상의 형태로 특혜 및 특권의 보수를 받을 수 없다. 상설적 기반에서 연해 변강주에서 자신의 권한을 실현하는 연해 변강주 입법회의의 의원은 연방법률 및 변강주 법률이 정한 경우를 제외하고 다른 유급활동에 종사할 수 없다. 상설적 직업적 기반에서 자신의 권한을 실현하는 연해 변강주 입법회의 의원은 자신의 의무이행에 대한 금전적 보수를 받는다.[2)]

3. 대의정치

1) 러시아연방 대통령 선거

연해 변강주에는 러시아연방 차원의 선거에서 세 개의 선거구가 있다. 전체 유권자수는 러시아연방 국가두마의원 선거와 연방대통령 선거의 경우

2) Устав Приморского края. http://www.primorsky.ru/ustav/1(~11).html. (2004년 5월 29일 검색)

155만명 안팎으로 집계되었다.

2004년 3월 26일 실시된 러시아연방 대통령 선거에는 유권자의 63.1%가 투표에 참여했고 뿌친이 투표참여 유권자의 40.1%의 지지를 획득했다. 주요 후보들의 득표율은 다음과 같다.

후 보 명	득표율(연해 변강주, %)	득표율(러시아연방,%)
지리노프스끼	5.9	2.7
쥬가노프	36.4	29.3
뿌친	40.1	52.8
찌또프	1.6	1.5
뚤레예프	2.6	3.0
야블린스끼	8.0	5.8
모든 후보에 대한 반대	1.9	1.9

출처: Приложение. Результаты голосования на президентских выборах 2000г. по регионам // Президентские выборы 2000 года в России / Под ред. Май ка Макфола, Николая Петрова и Андрея Рябова. М.: Московский Центр Карнеги, 2000; Выброы-2000 в цифрах и событиях. http://www.nns.ru /Elect-2000/result. (2005년 5월 13일 검색)

2) 러시아연방 연방의회

가) 러시아연방 국가두마(하원)의원 선거

1999년 12월 19일 실시된 러시아연방 국가두마의원 선거에서 정당별 투표에 참여한 유권자수는 925,509명으로서 전체 유권자의 64.89%를 차지했다. 연해 변강주에서 정당별 투표의 최다득표자는 <단결(메드베드)>였다.[3)]

목록	득표수	득표율(연해 변강주, %)	득표율(러시아 연방,%)
야블로코	62709	6.78	5.93
단결(메드베드)	251620	27.19	23.32
지리노프스끼 블록	93369	10.09	5.98

3) 러시아연방 국가두마(하원)의원 선거결과는 러시아연방 중앙선거위원회 및 지역 선거위원회의 사이트에서 제시된 것을 참조. Центральная избирательная комиссия Россий ской Федерации. http://cikrf.ru/. 자료에 대한 검색은 주로 2003년 10월부터 2004년 1월에 걸쳐 이루어졌다.

조국-전러시아	54515	5.89	13.33
러시아공산당	207812	22.45	24.49
우파연합	57624	6.23	8.52
모든 후보에 대한 반대	32506	3.51	

나) 러시아연방 연방회의(상원)의 성원

연해 변강주에서 선출된 러시아연방 상원의원은 이바노프(И. В. Иванов)와 뿌쉬까레프(И. С. Пушкарев)이다. 이바노프는 경제정책, 기업활동 및 소유에 관한 연방회의 위원회 부위원장으로서 연해 변강주 행정부에서 임명된 연방회의 위원회이다. 1965년 5월 9일생으로서, 2004년 1월 28일 임명되었고 임기는 2005년 6월 만료된다. 뿌쉬까레프는 예산에 관한 연방회의 위원회 위원, 청년 및 체육문제에 관한 연방회의 위원회 위원으로서, 연해 변강주 의회에서 선출된 대표자이다. 1974년생으로서, 2004년 11월 24일 선출되었고 2006년 6월 임기가 만료된다.[4)]

3) 연방주체의 수장 선거

2001년 5월 27일 나즈드라쩬꼬의 사임과 관련하여 정해진 연해 변강주의 지사 선거가 성립되었다. 13명이 입후보했고 투표는 두 번에 걸쳐 실시되었다. 결선투표는 6월 17일 성립되었다. 5월 27일 1차 투표에서 등록된 후보들 및 그 득표율은 다음과 같다.

후 보 명	출생년도	선거당시 직위	득표율(%)
아빠나센꼬 (Апанасенко Г.В.)	1950년생	극동연방지구 러시아연방 대통령 전권대표부 기구의 수석 부전권대표	14.12
길겐베르그 (Гильгенберг В.А.)	1955년생	ООО «변방(Далекая окраина)» 대표이사	0.33
그리슈꼬프 (Гришуков В.В.)	1956년생	러시아연방 국가두마 의원	9.81
다르낀 (Дарькин С.М.)	1963년생	ЗАО «롤리즈(Ролиз)» 경영자	23.94
두비닌 (Дубинин В.С.)	1946년생	수석 부지사, 연해 변강주 지사 권한대행	7.87

4) Иванов Игорь Владимирович http://council.gov.ru/sostav/member/m10704.htm; Пушкарев Игорь Сергеевич http://council.gov.ru/sostav/member/m10823.htm.

줴꼬프 (Жеков С.В.)	1957년생	연해 변강주 두마 의장	4.57
끼릴리체프 (Кириличев А.Д.)	1950년생	OAO «연해 해양선박» 대표이사	6.94
르끼찌오노바 (Лктионова Т.В.)	1962년생	한시적으로 일하지 않음	0.48
뽀뽀프 (Попов С.Н.)	1958년생	금속-임업가공 센터 소장	0.11
릐발낀 (Рыбалкин Ю.Г.)	1948년생	연해 변강주 두마 의원, 경제정책 및 소유문제 위원회 위원장	0.25
옴샤루크 (Омшарук В.В.)	1950년생	사회단체 <양심과 조국> 연해 지부의 지부장	0.20
체레브꼬프 (Черевков И.Е.)	1966년생	신문 <극동 공화국> 편집부의 편집책임자	1.56
체레쁘꼬프 (Черепков В.И.)	1942년생	러시아연방 국가두마 의원	20.02

주지사 선거에는 등록된 유권자의 42.35%가 참여했다. 모든 후보에 대한 반대에는 8.04%가 투표했다.

6월 17일 결선투표는 득표율이 많은 상위 두 후보를 대상으로 실시되었다. 1차 투표에서 두 번째를 차지한 체레쁘꼬프는 사퇴했고, 득표수에 따라 그 지위는 다음 후보가 승계했다. 아빠나센꼬는 24.28%, 다르낀은 40.17%를 획득했다. 지사 선거에는 등록된 유권자의 36.00%가 참여했다. 모든 후보에 대한 반대에는 33.71%가 투표했다. 연해 변강주 지사로는 다르낀이 선출되었다.[5)]

2. 경제 시스템

1) 경제개황

연해 변강주는 7개의 연방지구 중 극동연방지구에 속하고 12개의 러시아 경제지역 중 극동경제지역에 속한다. 연해 변강주는 실로 많은 부문의 산업이 발달해 있으며 산업 구조를 분석해 보면 약 50개 이상의 부문에 투자하고 있다. 연해 변강주는 극동지역의 산업중심이며 이 지역의 약 30% 정도의

5) Регионы - Губернаторские выборы в 2001 году - Приморский край. http://i1600.100mb.ru/~grankin/archiv/reg25el.htm.

잠재력을 보유하고 있다.

특히 연해 변강주에는 한국기업이 많이 있는데 그것은 지리적으로 근접해 있다는 것도 주요요인이지만 한국의 재외교포가 많아 인적 자원의 토대가 되고 있기 때문이다. 연해 변강주에는 한국의 KOTRA가 상주하고 있어 연해 변강주와 한국과의 경제협력에 있어 중요한 역할을 하고 있다.

연해 변강주의 전체지표인 지역총생산은 러시아대비 1.3%의 규모를 가지고 있다. 이것은 경제의 규모가 매우 크다는 것을 의미한다. 대체로 공업이 고루 발달되어 있고 농업도 가축사육과 작물재배에 있어 고루 발달되어 왔다.

연해 변강주의 지역총생산이 어떻게 변화되어 왔는지를 살펴보는 것은 전체경제상황의 이해에 있어 매우 중요하다. 우드무르트 공화국의 지역총생산과 1인당 지역총생산을 들어보면 다음과 같다.

연해 변강주 지역총생산액 추이

항목 \ 년도	1996	1997	1998	1999
지역총생산	24,981	28,351	31,516	54,792
1인당 지역총생산	11,123	12,735	14,283	25,071
지역총생산 지수		99.7	93.9	106.5

http://www.infostat.ru/epub.htm (검색일: 2003.1.10)

연해 변강주의 지역총생산의 주요 구성에 따른 비율을 보면 공업부문이 상대적으로 우위를 점하고 있으며 약 30.4%에 이르고 있다. 유통이 큰 비중을 차지하고 있으며 11.8%에 이르고 있다. 그 외 건설, 운송, 농업이 각각 3.8%, 19.1%, 4.4%에 이르고 있다.

연해 변강주의 기업부문의 지표에 있어 총 기업수와 소 기업수 그리고 공업활동기업수를 연도별 추이로 살펴보면 다음과 같다.

기업수 추이

항목 \ 년도	1997	1998	1999	2000
총기업수(연말)	37,826	38,259	39,764	41,144
소기업수(연말)	10,350	38,259	39,764	41,144
활동기업수	1,790	1,977	2,355	3,027

http://www.infostat.ru/epub.htm (검색일: 2003.1.10)

2) 산업

(1) 공업

연해 변강주의 공업은 몇 개의 기반산업이 중심이 되고 있는데 그것은 식품공업, 기계제작, 전기전력 등이다. 주로 블라지보스토크와 우수리스크, 나호트까 등이 중심 공업도시로 활발하게 움직이고 있으며 극동의 중심공업지대인 만큼 대기업도 많이 있다.[6)]

연해 변강주의 공업은 러시아대비 비중이 약 1.0%로 평균이상의 규모를 가지고 있으며 연해 변강주의 공업을 전반적으로 이해하기 위해 공업총량에 대한 지표를 살펴보는 것은 유용하다. 총 공업생산량과 공업생산지수를 연도별 추이로 보면 다음과 같다.

총 공업생산량 추이

항목 \ 년도	1997	1998	1999	2000
총 공업생산량	18,847	19,019	34,759	40,618
공업생산 지수	95	93	113	103

http://www.infostat.ru/epub.htm (검색일: 2003.1.10)

연해 변강주의 공업은 기반산업들이 몇 개가 존재하는 분산형 집약공업구조를 가지고 있고 각종 부문들이 거의 모두 존재하는 것이 특징이다. 연해 변강주의 공업구조에 있어 어떤 것이 주요한 부문이고 그 비율들은 얼마나 되는가를 보는 것은 이것의 공업 기여도를 평가하는데 중요한 자료이다. 연해 변강주의 기반산업과 여타 부문들이 어떤 비율을 가지고 있는지 표로 살펴보면 다음과 같다.

주요 공업생산부문별 생산비율

생산부문	연해 변강주 총공업생산 비율
전기전력	16.4%
연료공업	2.1%

6) 대표적인 기업을 들어보면 다음과 같다. ОАО 'Ярославский горно-обогатительный комбинат', АО 'Горнохимический комбинат Бор', ОАО 'Дальэнерго', ЗАО 'Лучегорский топливно-энергетический комплекс', АО 'ДАЛЬРЫБА' 등이다.

비철금속	3.7%
철강업	0.2%
화학공업	1.05
건재공업	2.5%
기계제작 · 금속가공	16.3%
목재가공, 종이 · 펄프	6.8%
경공업	1.3%
식품공업	46.7%
기타	3.0%

http://www.infostat.ru/epub.htm (검색일: 2003.1.10)

(2) 농업

연해 변강주의 농업은 적합한 농업조건으로 인해서 가축사육과 작물재배가 고루 발달되어 있지만 그 규모가 상대적으로 크지는 않다. 연해 변강주 농업은 러시아대비 약 0.7%규모의 농업생산량을 자랑하고 있다.

연해 변강주 농업의 특징 중의 하나는 여타 지역과 비교해 거의 모든 농산물이 고루 생산되고 있고 특히 여타지역에서는 별로 없는 특용작물이 매우 많이 생산되고 있으며 이것이 연해 변강주의 총 파종면적 대비 약 20.5%를 차지하고 있다는 사실이다.

연해 변강주의 총 파종면적을 보면 2000년을 기준으로 44만 8,100 헥타르이고 여기에 주로 파종되는 작물의 종류를 보면 곡물이 37.6%, 사료용 작물재배가 20.5%, 감자와 채소는 15.3%에 이르고 있다.

연해 변강주의 농업전반을 보기위해 총 농업생산량과, 총 농업생산액 중 작물관련 생산액, 총 농업생산액 중 가축관련 생산액을 연도별 추이로 살펴보면 다음과 같다.

농업생산량 추이

항목 \ 년도	1997	1998	1999	2000
총농업생산액	2,323.1	2,756.9	3,886.0	5,317.2
작물관련 생산액	1,296.5	1,691.8	2,085.1	3,212.9
가축관련 생산액	1,026.6	1,065.1	1,800.9	2,104.3
농업생산 지수	85	116	83	91

http://www.infostat.ru/epub.htm (검색일: 2003.1.10)

연해 변강주의 농업생산에 있어 2000년에 생산된 주요 품목에 따른 생산량을 알아보는 것은 중요하다. 각 품목에 따른 생산량을 보면 다음과 같다.

곡물- 11만 8,900 톤; 감자- 29만 5,300 톤; 채소- 9만 3,900 톤; 가축과 가금류(도살 후 무게)-1만 8,400 톤; 우유-14만 3,100 톤 등이다.

3) 자원 등 기타

연해 변강주는 지리적, 기후적 특성상 토양자원, 수자원, 수력에너지자원, 산림자원 및 휴양자원이 풍부하다.

연해 변강주의 지질은 매우 다양하고 많은 양의 화학합성물과 염분, 금속 및 광물, 원료를 포함하고 있다. 이 지방에는 100개가량의 석탄 매장지가 있으며 그 매장량은 24억 톤에 이른다. 그러나 석탄 및 갈탄의 매장지들은 지표에서 아주 깊은 곳에 매장되어 있으므로 그 채굴의 비용이 많이 든다는 단점도 가지고 있다. 현재 70%의 석탄이 개발 중에 있다.

이 외 30개의 주석매장지가 있고 15개의 복합 금속광이 집중 분포되어 있다. 이곳에는 납과 아연뿐만 아니라 적은 양이지만 구리, 은, 비스무트를 포함하여 다른 희귀한 금속들이 매장되어 있다. 이 외 연해 변강주에는 텅스텐 매장지, 은 매장지, 50개의 금 매장지, 인회석 매장지, 붕소 매장지, 형석 매장지를 비롯하여 100개가 넘는 건축자재와 원료매장지 등이 있다.

연해 변강주의 토양자원은 농업경제의 가장 중요한 자원이 되고 있다. 연해 변강주의 토지 중 농경지로 이용되는 면적은 163만 7,500 헥타르이며 거주지 52만 2,700 헥타르, 기타 산업 및 도로로 이용되는 면적은 43만 1,900 헥타르로 농경지의 비중이 상대적으로 높다.

연해 변강주의 면적은 많은 부분이 숲으로 덮여 있는데 전체 숲 면적은 1,230만 헥타르로 그 비중이 약 75%에 이른다. 숲의 주종을 이루는 종은 활엽수로 삼나무, 전나무, 낙엽송, 참나무, 노란 자작나무 등이 있다. 이들 모든 나무들은 시장가치가 높은 목재로서 지방재정에 기여하고 있으며 특히 삼나무는 그 가치를 인정받고 있어 현재 벌목을 금지하고 있다.

연해 변강주의 수산자원은 주민들의 필요에 의해 그 중요성이 매우 부각이 되고 있다. 전문가에 의하면 어로의 양은 연간 105 톤에 이르는 것으로 조사되고 있다. 이 지방의 강과 호수에는 잉어, 붕어, 꼬치 고기류의 담수어,

메기 등이 서생하고 있다.

연해 변강주의 수자원 역시 매우 풍부하다. 이 지방을 경유하는 강은 600개 이상이며 그 길이는 100km 이상이다. 가장 긴 강으로는 우수리강, 마라르그강과 비킨강이 있고 가장 큰 호수로는 한코 호수가 있다. 해안부근에는 지하담수의 저장량이 막대하다.

이처럼 풍부한 자연적, 기후적, 지리적 이점들과 미네랄수정 및 치료용 진흙 등으로 인하여 연해 변강주는 훌륭한 휴양지로의 역할을 하고 있는 지역이기도 하다.

V. 문화시스템

1. 지역정체성

1) 인구

연해 변강주의 2001년도 인구수는 2,155,000명이다. 1990년대부터 러시아의 어려운 사회경제적 상황에 따라 출생률, 사망률, 평균수명 등 인구지표가 지속적으로 악화되었다. 1992년부터 1997년까지 매년 1-2% 인구가 감소했으며, 1993년부터 인구 자연증가율이 마이너스 성장을 기록하고 있다. 이에는 어려운 경제 상황과 자연환경 악화가 주요인으로 작용하고 있다. 이러한 상황에서도 전체 인구수 감소폭은 그리 크지 않은데, 그것은 독립국가연합 소속의 여러 나라들로부터의 유입인구가 증가하고 있기 때문이다.

연해 변강주 인구의 도시 집중률은 77%이며, 농촌 인구는 지속적으로 감소하고 있다.

연해 변강주 인구변동 추이

연도	1990	1992	1993	1994	1995	1996	1997	1998	1999	2000	2001
인구수 (1,000명)	2,279	2,307	2,229	2,285	2,271	2,253	2,234	2,214	2,194	2,172	2,155

Российский статистический ежегодник. Госкомстат России. М., 2001. С. 83.

인구의 자연증가율이 지속적인 마이너스 성장을 보이는 것은 사망률이 급격히 증가해서 출생률을 상회하게 된 결과이다. 연해 변강주의 자연증가율은 다음과 같다.

연해 변강주 출생자수, 사망자수, 자연증가율

연도	출생자수(명)	사망자수(명)	자연증가율(명)
1990	33,614	20,874	12,740
1992	25,052	24,584	468
1993	22,130	29,896	-7,766
1994	22,757	31,168	-8,411
1995	21,235	29,550	-8,315

1996	19,467	29,248	-9,781
1997	18,486	27,519	-9,033
1998	18,277	26,001	-7,724
1999	17,525	28,007	-10,482
2000	18,393	29,513	-11,120

Российский статистический ежегодник. Госкомстат России. М., 2001. С. 122.

연해 변강주에는 극동의 사회-경제적 잠재력의 30%가 집중되어 있다. 현재 산업 부문의 수가 증가되고 다양화되고 있으며, 광업과 어업 등이 특화된 부문이다.

연해 변강주 인구의 평균 연령은 35.5세로 경제활동 인구 비중이 높다. 그러나 인구상황 악화로 고령화가 진행되어, 지난 20년간 연금생활자수가 2.4배 증가하였다. 이곳에서도 다른 연방 주체들에서처럼 1990년대에 지속적으로 증가하던 실업률이 2000년 들어서 감소세를 보이기 시작했다.

연해 변강주 경제활동인구(취업자, 실업자), 실업률

연도	경제활동인구 (1,000명)	취업자수 (1,000명)	실업자수 (1,000명)	실업률(%)
1992	1,247	1,183	63	5.1
1993	1,198	1,133	65	5.4
1994	1,175	1,087	88	7.5
1995	1,216	1,095	121	10.0
1996	1,192	1,078	114	9.6
1997	1,106	959	147	13.3
1998	1,118	954	165	14.7
1999	1,127	975	152	13.5
2000	1,166	1,026	139	11.9

Российский статистический ежегодник. Госкомстат России. М., 2001. С. 140.

2) 민족

연해 변강주에는 90여 민족이 거주한다. 주요 민족 구성을 보면, 러시아인 86.9%, 우변강주나인 8.2%, 벨라루스인 1%, 따따르인 0.9%, 모르드바인 0.4%, 한국인 0.4%, 추바슈인 0.2%, 독일인 0.2%, 몰다비아인 0.1%, 우즈베크인 0.1% 등이다.

3) 교육

연해 변강주에는 국립, 시립, 사립의 다양한 교육기관이 설치되어 있다. 그 가운데 학과목 특성화 교육을 실시하고 있는 중등학교가 126개, 김나지움이 10개, 특수학교가 12개 운영되고 있다.

블라지보스토크에는 9개 대학이 설치되어 있으며, 그중 극동 국립대학, 극동 공과대학, 네벨스키 해양 아카데미, 경제, 경영 아카데미 등이 주요 교육기관으로 각 분야의 전문인력을 양성하고 있다. 블라지보스토크의 중등 전문교육기관으로 선박제조, 해양기상학, 에너지학, 의학, 음악, 교육학 분야의 전문학교들이 설치되어 있으며, 기타 다수의 전문직업학교가 설치되어 있다.

연해 변강주 전역에는 43개 중등 전문학교, 27개 대학(12개 국립대, 3개 대학분교, 3개 기능대학, 9개 사립대학)이 있다. 12개 국립대에는 3개 아카데미, 5개 종합대학교, 2개 단과대학, 1개 군사대학, 1개 전문학교가 포함되며, 이들 대학에서는 인문학, 공학, 의학, 농학, 해양학, 경제학, 교육학, 군사학 등에 대한 교육이 이루어지고 있다.

연해 변강주에는 14개 아카데미 연구소와 12개 분야별 연구소가 있으며, 각 대학에도 산학협동 연구기관이 설치되어 있다. 연해 변강의 주요 연구 분야로서 대륙-해양 연계지역의 지질-지구물리학적 구성과 진화 법칙, 그리고 천연 원료의 종합적 가공기술 개발, 실험 체계의 구성과 자동화 문제, 지진, 화산 위험도 측정, 해양 생물의 분자 조직 연구, 분자 면역학과 생명공학, 해양학 등을 들 수 있다. 연해 변강주는 과학적 연구의 기반이 되는 실험기지와 독특한 자연환경으로 매우 큰 과학 잠재력을 갖추고 있는 지역이며, 지리적 여건상 국제적인 연구 활동과 산업 발전을 위한 해외투자에 좋은 입지조건을 갖추고 있다.

2. 지역문화

1) 문화 개괄

러시아 연해 변강주의 최대의 항만도시는 블라지보스토크이다 인구는 약 65만 명으로 제정 러시아시대부터 극동정책의 중요한 기지로 발전했다. 마을은 1992년 1월에 개방되었다. 관광은 중앙역에서 시작하면 쉽다. 중앙역,

중앙광장, 금각만 근처 잠수함 박물관, 스베도란스카야 거리, 향토박물관, 전망대까지의 코스이다.

블라지보스토크 중앙역은 엷은 녹색의 품격 있는 러시아 건축양식의 석조로 된 역사이다. 1912년의 건축물로 러시아 제정시대의 영화로움을 알 수 있다. 시베리아 철도의 동쪽 시점으로 여기에서부터 모스크바까지 9,297㎞의 여행이 시작된다. 중앙 광장의 정식 명칭은 소비에트 정권을 위해 싸운 '병사 광장'인데 일반 시민사이에서는 중앙 광장이라고 불리고 휴식처가 되고 있다. 광장 옆의 흰 고층 건물은 시청이다.

2) 문화시설

(1) 잠수함 박물관

상선부두 바로 앞의 높은 단에 2차 세계대전 당시의 잠수함이 그대로 놓여 있는 박물관이 있다. 내부의 천정은 낮지만 잠수함을 견학하면서 소련시대의 태평양함대의 역사를 알 수 있다.

(2) 지지 박물관

1906년에 건설되었고 1층은 러시아 혁명 전의 연해 변강주의 역사와 우수리 지방의 동물생태에 관하여 전시하고 있다. 또 화폐를 모은 전시실이 있고 진귀한 동식물도 볼 수 있다. 2층은 혁명시대 해양의 역사코너이다. 3층은 회화전시 코너로 되어 있다.

(3) 해군 박물관

1908년에 만들어진 루델 교회 자리를 박물관으로 새롭게 만든 것이다. 17세기 중엽부터 극동에서 활약한 태평양 함대의 역사전시관이 있다. 또 정원에는 대포, 전차, 어뢰 등이 전시되어 있다.

(4) 전망대

블라지보스토크 호텔에서 차로 20분 거리에 금각만을 바라보는 높은 단이 있다. 이 전망대에서는 오른쪽으로 연결되어 있는 시코트 반도와 뻬르보마이스키 지구를 둘러싸고 있는 금각만의 전부가 한 눈에 들어온다. 특히 야간에는 만내에 정박하는 선박이나 민가의 등불이 네온이 되어 아름답다. 전망대로 가는 케이블카가 있다.

(5) 나호트까 시

쁘리모르스키 지구 남부, 뾰뜨르 대제만의 지항인 나호트까 항에 위치하는 항만도시이다. 나호트까는 러시아어로 '발견한 것'이라는 의미로 1859년 이 해역으로 조난된 러시아 함선 아메리카 호가 우연히 파도가 잔잔한 이 바다를 발견하고 나호트까로 이름 지은 것에서 유래한다. 러시아 군함에 아메리카 호라는 이름을 붙인 것이 이상하지만 이 지방의 사람들은 나호트까의 바다를 아메리카 호와 관련지어 아메리카 만이라고 부른다.

1869년 최초의 입주자가 살게 되었고 선박 수리업이나 어업을 중심으로 발전하였다. 제 2차 세계대전 후에는 극동의 무역항으로 발전하였다. 나호트까 시가 탄생된 것은 1947년으로 역사는 50여년 정도에 불과하고 현재의 주민들도 젊은 사람들뿐이다. 시민들의 평균 연령은 30세 정도이다. 2차 대전 후 시베리아에 억류된 일본인은 전후 이곳에서 일본으로 귀국할 수 있게 되었다. 당시는 수용소에서 사망한 사람도 많아 500여명이 잠들어 있는 묘지가 시내에 있다. 나호트까는 활모양의 도시로 치하오케안스카야 역 부근이 도시의 중심이다.

역에서 영화관이 줄지어 있는 거리를 걸으면 이카리 거리가 나온다. 이카리 거리에는 잡화점, 식료품점 등의 상점이 모여 있다. 이 거리에는 쥬스, 아이스크림 등을 파는 노점도 있다. 이 거리를 지나가면 광장이 나오는데 광장의 안쪽에는 항구도시답게 큰 선원궁전이 있다. 나호트까 최대의 쇼핑센터인 굼 백화점으로 가려면 역 앞에서 버스를 타면 된다.

유태인 자치주

Еврей ская Автономная Область

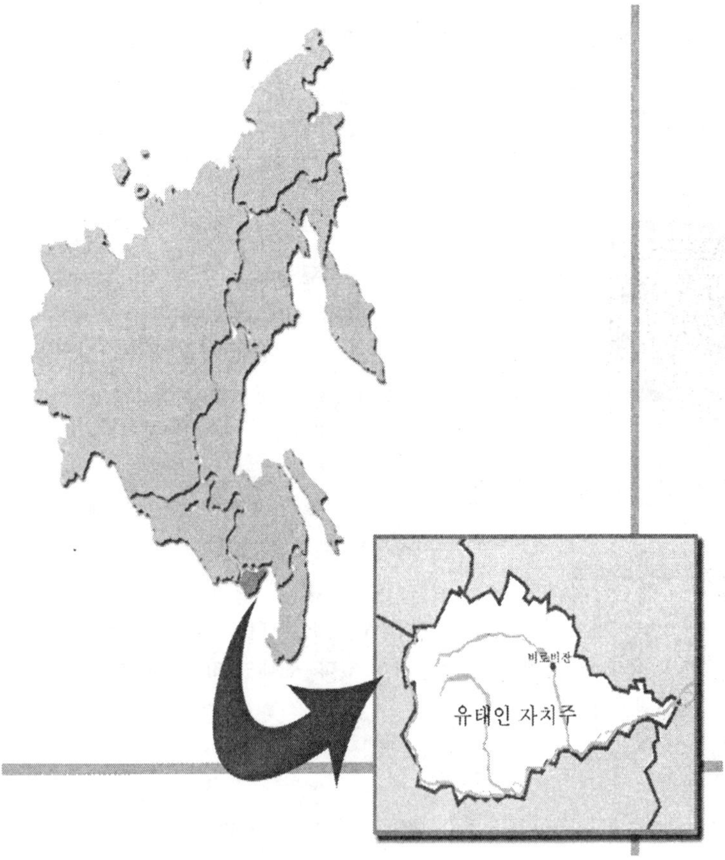

Ⅰ. 개황

1. 기초정보

자치주 성립일: 1992년 - 자치주로 분리

- 1934년 5월 7일 - 하바로프스크 변강주 소속으로 성립

자치주도: 비로비잔(Биробиджан)

인구: 196,000명(2001년 현재: 러시아연방 전체의 0.14%; 89개 주체 중 81위)

인구밀도: 5.4명/㎢

면적: 36,000㎢(러시아연방 전체 면적의 0.21%; 89개 주체 중 64위)

소속지구: 극동연방지구; 극동경제지구

한국과의 시차: +1시간

2. 상징

유태인자치주 문장

유태인 자치주 문장은 가로, 세로 8대 9의 비율로 제작된 남옥색 방패형상으로, 상하단부에는 각각 너비가 문장 높이의 1/50로 동일한 3색(백색, 청색, 백색)의 가는 수평선이 그려져 있다. 이는 비라강과 비잔강을 상징한다. 문장의 중앙에는 흑색 띠를 두른 우수리 호랑이가 묘사되어 있다. 호랑이는 우측을 향하고 있으며, 이는 유태인 자치주의 독특한 역사와 발전과정을 상징한다.

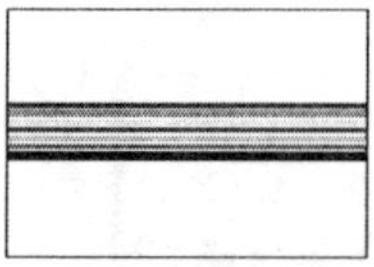

유태인 자치주기

유태인 자치주기는 백색 장방형 천으로 제작되었으며, 천의 수평축에는 무지개를 상징하는 다양한 색상의 7색 띠가 묘사되어 있다. 각 띠의 너비는 깃발 너비의 1/40이며, 이러한 무지개 색 띠들은 너비가 깃발 너비의 1/120인 백색 띠에 의해 각각 분리되어 있다. 유태인 자치주기는 1996년 7월 31일 채택되었다.

3. 주요도시

비로비잔(Биробиджан): 인구 78,000명; 북위 48°48′, 동경 132°55′
(인구: 2002년 현재)

4. 주요 산업 및 농업

자치주의 주요 산업으로 기계제작, 금속가공업, 경공업, 목재가공업, 식료품산업 등이 발달했으며, 농업부문은 낙농업, 양돈, 아무르강 계곡에 콩, 보리, 밀, 귀리 등 곡물재배, 동쪽 비르(Бир)강 계곡에 야채, 감자재배, 양봉 등이 발달했다.

Ⅱ. 자연환경

1. 지리적 위치와 구성

유태인 자치주는 5개 행정구, 2개 시 및 12개 도시형마을, 47개 농촌마을로 구성되어 있으며, 극동지역 남서부에 위치한다.

하바로프스크 변강주, 아무르주, 중국과 경계를 이룬다.

주요 하천은 아무르강과 그 지류인 비라(Бира), 비잔(Биджан)강이다.

수도 비로비잔(Биробиджан)과 모스크바 간의 거리는 8,361㎞이다.

2. 기후조건

온난기후대, 극동 몬순기후

1월 평균기온: -21 ~ -26℃

7월 평균기온: 18 -21℃

연강수량: 500 ~ 800㎜(주로 7, 8월)

식물 생장 기간: 120일(아무르강 분지)

식생: 타이가와 혼합림

토양: 충적토, 초원소택지 토양

삼림분포도: 44%

3. 주요 유용광물

철광석, 망간, 주석, 금, 흑연, 다금속광, 석탄, 건축자재 등이 있다.

주요 산지:

철광석: 말리 힌간(Малый Хинган).

망간: 유주노-힌간스크(Южно-Хинганск).

주석: 쑤따로-비단스크(Сутаро-Биданск).

금: 쑤따라(Сутара)강 수계, 비라(Бира)강 상류.

Ⅲ. 정치시스템

1. 역사

현재의 유대인 자치주 영토의 장악은 1640년에 시작되었다. 러시아족의 개척자 뽀야르꼬프(В. Д. Поярков), 하바로프(Е. П. Хабаров) 등은 쁘리아무르의 이 부분을 러시아에 편입시켰으며 그 정주는 집약적으로 19세기 중반부터 이루어졌다. 주로 1856년부터는 바이칼부근 지역의 까자크들, 19세기 말부터는 아무르 철도를 건설하는 노동자들과 근무자들에 의해서였다. 비라, 비라칸, 찌혼까야와 같은 정주지, 촌락 그리고 철도역이 생겨났다.

1920-1922년에 현재의 유대인 자치주의 영토는 백군과 개입군대와의 전장(戰場)이었던 극동공화국 소속으로 들어갔다. 1928년 3월 28일 당시에 활동하던 위원회들과 유대인들의 토지구성에 관한 협의체의 주도로 소연방 정부는 비어있는 쁘리아무르의 토지를 정주를 위해 유대인들에게 제공하는 명령을 채택했다. 1930년에 극동 변강주 소속으로 비로비쟌 민족지구가 세워졌고, 1934년 5월 7일 유대인 자치주가 비로비잔 촌락을 중심으로 하여 구성되었다.[1)]

2. 권력기관

1) 전체 통치구조상의 특징

유대인 자치주에서 국가권력은 러시아연방 헌법에 따라 다음을 기반으로 실현된다. 러시아연방 국가권력기관과 주의 국가권력기관 사이의 관할과 권한 사항의 분리, 입법, 집행, 사법으로의 분리, 국가권력기관과 지방자치기관의 권능분리 및 상호작용.

주에서 입법권력을 실현하는 것은 입법회의이다. 주에서 집행권력을 실현하는 것은 주지사와 그가 지휘하는 주 정부이다. 주에서 사법권력을 실현하는 것은 연방법원, 주의 헌장재판소 및 치안판사로서 러시아연방의 사법체계를 구성한다. 입법, 집행, 사법권력기관은 독립적이다. 주의 국가권력기관

---

1) 유태인 자치주의 역사부분은 다음을 번역, 정리한 것이다. Еврей ская автономная область. http://www.migratio.ru/geo/geo_evrej.htm. (2005년 3월 28일 검색)

체계에 들어갈 수 있는 것은 주의 구성에 들어가는 비로비잔 시와 라이온들의 지역 대의 및 집행 국가권력기관이다.

2) 집행기관

주지사는 주의 최고 공직자이자 동시에 주에서 집행권력의 수장이다. 주지사는 연방기관, 러시아연방의 다른 주체 그리고 국제적 관계에서 주를 대표하며 관련 조약과 협약의 인준 및 폐기에 관한 제안을 입법회의에 상정하고 그것들에 서명한다.

주지사는 선거일 현재 30세에 다다르고 선거권을 갖고 있으면서 일 년 이상 주의 영토에 거주하는 러시아연방 시민이 선출될 수 있다. 주지사는 4년 임기로 비밀투표 하에 보통, 평등, 직접 선거권을 기반으로 선출된다. 주지사는 선서를 하는 순간부터 직위에 취임하며 새로 선출된 주지사의 취임순간부터 자신의 권한을 중지한다.

주정부는 주에서 최고 집행기관이고 주헌장, 주법률, 주지사에 의해 승인된 주정부에 관한 사항을 기반으로 자신의 활용을 실현한다. 주정부는 업무를 운영하는 주지사, 정부의 수석 부의장, 부의장으로 구성된다. 정부의 구성에는 주정부의 구조적 하위부서의 지도자들과 주의 행정-영토적 단위의 집행 국가권력기관의 지도자들, 주정부의 부문별 하위부서의 지도자들이 들어갈 수 있다. 정부의 부의장의 수는 주의 운영구도에 따라 정해진다. 주정부의 부의장은 주지사에 의해 임명된다. 주의 국가재산운영에 관한 위원회의 지도자는 입법회의의 동의 및 승인에 따라 임면된다. 주정부의 구조적 하위부서의 구조, 구성절차 및 권한은 주의 운영구도, 주정부에 관한 사항에 의해 규정된다.

주헌장에 의해 정해진 의원수의 3분의 1 이상으로 집계되는 입법회의의 의원집단은 입법회의의 회의에 입법회의의 동의를 얻어 임명된 공직자에 대한 불신임 표명에 관한 이유를 첨부한 제안을 상정할 수 있다. 입법회의의 동의를 얻어 임명된 주정부 공직자의 불신임 표명에 관한 결정은 입법회의의 회의에서 입법회의의 정해진 의원수의 3분의 2 이상의 찬성으로 채택되며 명령으로 정식화된다. 주정부의 공직자에 대한 입법회의의 불신임 표명은 그 해임의 기반이 된다.

행정-영토적 단위의 집행 국가권력기관 (이하 - 지역 행정부)은 주의 집행 국가권력기관체계에 들어가며 행정부 수장 및 그에 예속된 구조적 하위부서들로 구성된다. 지역 행정부는 관련되는 주헌장과 주법률로 정해진 그 권한 영역에서 영토적 대의기관에, 주지사 및 주정부에 예속된다. 지역 행정부의 구조는 주지사에 의해 승인된다.

3) 입법기관

입법회의는 상설적으로 활동하는 주의 대의 및 입법 국가권력기관으로서 15명으로 구성된다. 입법회의는 주의 법률로 정해진 절차에 따라 그리고 그 조건에서 4년 임기로 선출된다.

입법회의 의원으로는 주의 영토에 1년 이상 거주하면서 선거일 현재 21세에 다다른 러시아연방 시민이 선출될 수 있다. 입법회의의 의원은 직업적으로 상설적 기반에서 혹은 주요활동이나 업무활동의 중단 없이 자신의 권한을 실현한다. 직업적으로 상설적 기반에서 자신의 권한을 실현하는 의원의 수는 입법회의 의원 정족수의 3분의 1을 넘지 않는다. 그 활동의 절차와 조건은 입법회의 내규에 의해 규정된다. 입법회의 의원으로 선출될 수 없는 것은 판사, 검찰, 국가 및 시의 공무원, 다른 대의기관의 의원들이다.

입법회의 활동의 주요한 조직적 형태는 정례회의, 회의들 사이에 진행되는 상설위원회, 한시적 위원회, 업무집단의 회의, 의원청취이다. 입법회의는 입법회의의 의장, 주지사, 입법회의 전체 의원수의 3분의 1의 발의로 비정례회의를 소집할 수 있다. 입법회의의 비상회의는 입법회의의 의장에 의해 다음의 경우 즉각적으로 소집된다. 주의 영토에 비상사태의 선포, 주의 영토에 공공질서의 심대한 침해, 비상대책을 요구하는, 주의 영토에서 자연재해 및 다른 비상상황.[2)]

3. 대의정치

1) 러시아연방 대통령 선거

유태인자치주에는 러시아연방 차원의 선거에서 하나의 선거구가 있다. 전

---

2) Устав Еврейской автономной области. http://www.legislature.ru/ruconst/evraobl.html. (2004년 5월 29일 검색)

체 유권자수는 러시아연방 국가두마의원 선거와 연방대통령 선거의 경우 13만명 안팎으로 집계되었다.

2000년 3월 26일 실시된 러시아연방 대통령 선거에는 유권자의 68.9%가 투표에 참여했고 뿌친이 투표참여 유권자의 42.9%의 지지를 획득했다. 주요 후보들의 득표율은 다음과 같다.

후 보 명	득표율(유태인자치주,%)	득표율(러시아연방,%)
지리노프스끼	4.1	2.7
쥬가노프	39.7	29.3
뿌친	42.9	52.8
찌또프	1.5	1.5
뚤례예프	1.9	3.0
야블린스끼	5.2	5.8
모든 후보에 대한 반대	1.8	1.9

출처: Приложение. Результаты голосования на президентских выборах 2000г. по регионам // Президентские выборы 2000 года в России / Под ред. Май ка Макфола, Николая Петрова и Андрея Рябова. М.: Московский Центр Карнеги, 2000; Выброы-2000 в цифрах и событиях. http://www.nns.ru /Elect-2000/result. (2005년 5월 13일 검색)

2) 러시아연방 연방의회

가) 러시아연방 국가두마(하원)의원 선거

1999년 12월 19일 실시된 러시아연방 국가두마의원 선거에서 정당별 투표에 참여한 유권자수는 80,164명으로서 전체 유권자의 59.95%를 차지했다. 유태인 자치주에서 정당별 투표의 최다득표자는 러시아공산당이었다.[3)]

목록	득표수	득표율(유태인 자치주, %)	득표율(러시아 연방,%)
야블로코	4079	5.09	5.93
단결(메드베드)	16948	21.14	23.32
지리노프스끼 블록	6988	8.72	5.98

3) 러시아연방 국가두마(하원)의원 선거결과는 러시아연방 중앙선거위원회 및 지역선거위원회의 사이트에서 제시된 것을 참조. Центральная избирательная комиссия Российской Федерации. http://cikrf.ru/. 자료에 대한 검색은 주로 2003년 10월부터 2004년 1월에 걸쳐 이루어졌다.

조국-전러시아	5089	6.34	13.33
러시아공산당	27263	34.01	24.49
우파연합	5493	6.85	8.52
모든 후보에 대한 반대	2981	3.72	

나) 러시아연방 연방회의(상원)의 성원

유태인 자치주에서 선출된 러시아연방 상원의원은 바빌로프(С. В. Вавилов)와 굴루호프스끼(И. Г. Глуховский)이다. 바빌로프는 법규 및 사법적 문제에 관한 연방회의 위원회 위원, 연방회의의 헌법적 권한 실현방법에 관한 연방회의 위원회 위원, 독점에 관한 연방회의 위원회 위원으로서, 유태인 자치주 의회에서 선출된 대표자이다. 1956년 2월 9일생으로서, 2001년 11월 9일 선출되었고 2006년 10월 임기가 만료된다. 굴루호프스끼는 국제문제에 관한 연방회의 위원회 위원, 의회활동 내규 및 조직에 관한 연방회의 위원회 위원, 정보정책에 관한 연방회의 위원회 위원으로서 유태인 자치주 정부로부터 파견된 대표자이다. 2005년 3월 11일 그 권한이 승인되었고 2010년 2월 임기가 만료된다.4)

3) 연방주체의 수장 선거

2000년 3월 26일 유대인 자치주 지사 선거가 성립되었다. 투표는 한번 실시되었다. 등록된 후보 및 그 득표율은 다음과 같다.

후 보 명	선거당시 직위	득표율(%)
볼꼬프(Волков Н.М.)	유대인 자치주 현직 지사	56.76
꼬르순스끼(Корсунский Б.Л.)	ООО "강옥(鋼玉) ЛТД" 대표이사	25.71
시로뜨낀(Сироткин Г.А.)	옥짜브리스끼 라이온 소비에트 의장	4.27

주지사 선거에는 등록된 유권자의 68.7%가 참여했다. 모든 후보에 대한 반대에는 11.15%가 투표했다. 유대인 자치주 지사로는 볼꼬프가 당선되었다.5)

---

4) Вавилов Станислав Владимирович. http://council.gov.ru/sostav/member/m10679.htm; Глуховский Игорь Геннадьевич. http://council.gov.ru/sostav/member/m10678.htm.

5) Регионы - Губернаторские выборы в 2000 году - Еврейская автономная область. http://i1600.100mb.ru/~grankin/archiv/reg79el.htm.

2. 경제 시스템

1) 경제개황

유태인 자치주는 7개의 연방지구 중 중앙연방지구에 속하고 12개의 러시아 경제지역 중 극동경제지역에 속한다. 이 지역은 공업구조의 고도화, 농경 발달, 그리고 적절히 구성된 운송망이 있다는 것이 특징이다.

유태인 자치주는 자유경제지구로의 위상을 가지고 있으므로 지역의 경제 발전을 위하여 그 가능성을 확대할 수 있는 지역이다. 특히 이 지역에는 러시아 시장에서 필요로 하는 많은 종류의 유용광물자원들이 매장되어 있으며 기업의 수도 많다.

이 지역에는 경제활동을 뒷받침할 수 있는 은행체계도 충분히 발달이 되어 러시아 중앙은행의 통제를 받는 많은 국가은행들이 있으며 기타 저축은행, 상업은행들 및 모스크바은행의 지점 등이 있다.

운송체계의 경우에도 운송망이 잘 발달되어 있다. 특히 주요한 강인 아무르강을 통과하여 태평양으로 통하는 길이 열려 있으며 시베리아횡단 철도도 이 지역을 통과한다. 이 철도는 서유럽, 극동, 태평양의 주요 나라들을 연결해 주고 있다. 이 지역에는 철도 530km, 자동차도로 1,900km, 수로 600km 등이 지나므로 모든 운송수단의 이용이 가능하다.

유태인 자치주의 전체지표인 지역총생산은 러시아대비 0.1%의 규모를 가지고 있다. 이 지역총생산이 어떻게 변화되어 왔는지를 살펴보는 것은 매우 중요하다. 유태인공화국의 지역총생산과 1인당 지역총생산을 들어보면 다음과 같다.

유태인 자치주 지역총생산액 추이

항목 \ 년도	1996	1997	1998	1999
지역총생산	1,480	1,680	1,528	2,444
1인당 지역총생산	7,097	8,144	7,495	12,157
지역총생산 지수		86.2	86.9	105.1

http://www.infostat.ru/epub.htm (검색일: 2003.1.10)

유태인 자치주의 지역총생산 주요 구성 비율을 보면 공업부문과 유통부문이 상대적으로 우위를 점하고 있는데 둘 다 공히 19.8%의 비율을 가지고 있다. 그리고 농업은 15.8%, 건설과 운송은 8.1%, 1.6%의 비중을 가지고 있다.

유태인 자치주의 기업부문의 지표에 있어 총 기업수와 소 기업수 그리고 공업활동기업수를 연도별 추이로 살펴보면 다음과 같다.

기업수 추이

항목 \ 년도	1997	1998	1999	2000
총기업수(연말)	2,732	2,750	2,870	2,973
소기업수(연말)	502	367	478	538
활동기업수	119	97	139	137

http://www.infostat.ru/epub.htm (검색일: 2003.1.10)

위의 국내 기업뿐만 아니라 유태인 자치주에는 외국인의 투자를 활발히 유입하여 합작기업들도 활동하고 있다. 외국인의 투자부문은 주로 서비스업과 유통에 집중되고 있다. 이 외 가구, 재봉 제품의 생산, 난방장치 등에 종사하는 기업들도 많다.

2) 산업

(1) 공업

유태인 자치주의 공업을 전반적으로 이해하기 위해서는 공업총량에 대한 지표를 살펴보는 것이 필요하다. 공업생산량과 공업생산지수를 연도별 추이로 보면 다음과 같다.

총 공업생산량 추이

항목 \ 년도	1997	1998	1999	2000
총 공업생산량	528	565	729	1,172
공업생산 지수	84	97	111	115

http://www.infostat.ru/epub.htm (검색일: 2003.1.10)

유태인 자치주의 공업부문별 구조에 있어 어떤 것이 주요한 부문이고 그 비율들은 얼마나 되는가를 보는 것은 이것의 공업에 기여도를 평가하는데 중요한 자료일 것이다. 유태인 자치주는 기계제작과 건재공업이 중심이 되고 있으며 여타 부문들이 어떤 비율을 가지고 있는지 표로 살펴보면 다음과 같다.

주요 공업생산부문별 생산비율

생산부문	유태인 자치주 총공업생산 비율
전기전력	13.5%
연료공업	0.2%
철강업	1.0%
비철금속	4.7%
화학 · 석유화학	0.5%
기계제작 · 금속가공	25.4%
목재가공, 종이 · 펄프	5.5%
건재공업	23.3%
경공업	10.5%
식품공업	13.3%
기타	2.1%

http://www.infostat.ru/epub.htm (검색일: 2003.1.10)

(2) 농업

유태인 자치주의 농업은 이 지역의 주요 부문이 되고 있다. 이것의 주된 이유는 유태인 자치주가 비옥한 토양에 위치하고 있으며 습기가 많은 기후를 가지고 있기 때문이다. 전체적으로 농경지에 해당하는 면적은 13만 6,100 헥타르이며 풀베기지역의 경우는 12만 9,900 헥타르이다. 목장의 용도로 사용되는 면적은 10만 4,600 헥타르이다. 전체적으로 유태인 자치주의 농업은 러시아대비 약 0.1%의 농업생산량을 기록하고 있다.

유태인 자치주에서 가장 발달된 농업부문의 하나로 작물재배를 들 수 있으며 전체 농산물의 70%에 해당하는 양이다. 이것은 옥수수, 콩, 메밀 등으로 대표된다. 나머지 30%의 경우는 야채이다.

2000년에 두 개의 주요 프로그램이 설정되어 이 지역의 콩과 옥수수 증대를 계획하고 있다. 이 계획은 유태인 자치주의 농산품의 생산을 증대하고 농업기업의 재정상태를 본질적으로 향상시킬 수 있는 획기적인 계획으로 2004년까지 지속된다.

유태인 자치주의 농업기업의 수는 700개를 초과하며 19만 3,000 헥타르의 면적에서 이들 기업이 활동하고 있다.

유태인 자치주의 농업전반을 보기위해 총 농업생산량과, 총 농업생산액 중 작물관련 생산액, 총 농업생산액 중 가축관련 생산액을 연도별 추이로 살펴보면 다음과 같다.

농업생산량 추이

항목 \ 년도	1997	1998	1999	2000
총농업생산액	350.0	420.6	648.9	906.3
작물관련 생산액	200.1	224.4	352.2	524.1
가축관련 생산액	149.9	196.2	296.7	382.2
농업생산 지수	77	104	108	108

http://www.infostat.ru/epub.htm (검색일: 2003.1.10)

유태인 자치주의 총 경지면적에서 재배되는 각각의 작물들의 면적비율을 살펴보면 주요 농산물과 기여도를 파악할 수 있다. 유태인 자치주의 총 파종면적을 보면 2000년을 기준으로 7만 9,700 헥타르이고 여기에 주로 파종되는 작물의 종류를 보면 곡물이 43.7%, 사료용 작물재배가 10.2%로 거의 모든 파종의 비중을 가지고 있고 그 외 특용작물이 32.5%, 감자와 채소가 13.6%를 차지하고 있다.

유태인 자치주의 농업생산에 있어 2000년의 주요 생산카테고리의 생산량을 살펴보면 다음과 같다.

곡물-1만 9,600 톤; 감자-9만 8,900 톤; 채소-2만 6,000 톤; 가축과 가금류(도살 후 무게)-3,000 톤; 우유-2만 9,400 톤 등이다.

유태인 자치주의 가축사육과 관련해서 2000년 말 기준으로 길러지고 있는 소는 2만 1,800 두이며 그중 암소는 1만 700 마리이다. 돼지의 수도 1만 550 마리에 이른다. 유태인 자치주는 초원지대가 광범위하게 분포되어 있으므로 이러한 가축사육을 촉진시키는 토대가 되고 있다.

3) 자원 등 기타

유태인 자치주는 자연환경이 아름답고 천연자원이 풍부하며 좋은 기후적 여건을 가진 곳으로 러시아에서 손꼽히는 지역이다. 이 자치주는 극동의 남쪽에 위치하며 토양은 매우 비옥하다. 이 영토는 야생산림과 초원늪지대, 충적토의 토양에 펼쳐져있다. 전체의 영토는 3만 6,266㎢이며 이 중 농지는 391 헥타르이다.

산림이 차지하는 면적은 유태인 자치주 전체의 40%로써 228만 6,000 헥타르이다. 산림지대에는 삼나무 숲과 전나무 숲이 주종을 이루고 있으며 낙엽송,

참나무, 자작나무 등도 풍부하다. 숲에는 300종 이상의 약초와 200종 이상의 양봉식물이 있다. 타이가지대의 숲에는 각종 열매, 버섯, 호도 등이 풍부하다.

유태인 자치주의 동물계는 총 59종이 있으며 곰, 멧돼지, 여우, 흑담비, 고슴도치 등 여러 가지가 있다. 조류 중에서는 각종의 오리와 꿩들이 있다.

이 자치구에는 26개의 크고 작은 강들이 흐르고 있으며 이 강들은 모두 아무르강과 연결되어 있다. 아무르강은 유태인 자치주의 근간이 되는 수상동맥으로 이 자치주를 통과하여 흐르는 길이는 584km이다. 동쪽의 경계부분에서는 강의 너비가 2.5km에 달한다. 이러한 강과 호수 등에는 백아무르(흑룡강산의 물고기)와 흑아무르를 포함하여 총 73종의 어류가 서생하고 있다.

유태인 자치주는 유용 지하광물자원이 풍부하다. 이 지역에는 이미 20종류 이상의 다른 광물매장지가 있다. 가장 큰 매장지로는 철, 망간, 주석, 금, 석묵 등의 매장지가 있다. 주석광산에는 이 외 은과 몰리브덴, 구리, 납, 아연, 창연 등을 동시에 발견할 수 있다. 아울러 이 지역에는 쁘레아브라제노브와 지뚜르스크 지역 등 두 개의 희귀금속 매장지가 있으며 많은 양의 자철광이 채굴되고 있다. 이 외 55개의 이탄 매장지와 114개의 건축자재 매장지가 발견, 가공되고 있다.

V. 문화시스템

1. 지역정체성

1) 인구

유태인 자치주의 2001년도 인구수는 196,000명이며, 1993년도부터 지속적으로 감소하고 있다. 이는 출생자수의 지속적인 감소 및 사망자수의 지속적인 증가에 따른 것이다.

유태인 자치주 인구변동 추이

연도	1990	1992	1993	1994	1995	1996	1997	1998	1999	2000	2001
인구수 (1,000명)	216	220	217	216	210	208	206	203	201	197	196

Россий ский статистический ежегодник. Госкомстат России. М., 2001. С. 83.

인구 자연증가율은 1993년도부터 마이너스를 보이며, 출생률의 지속적인 하락이 주요인이 되고 있다. 유태인 자치주의 인구 자연증가율의 하락은 전체 인구의 감소로 이어지고 있다.

유태인 자치주 출생자수, 사망자수, 자연증가율

연도	출생자수(명)	사망자수(명)	자연증가율(명)
1990	3,897	2,091	1,806
1992	3,047	2,530	517
1993	2,622	2,828	-206
1994	2,581	3,011	-430
1995	2,308	2,868	-560
1996	2,144	2,768	-624
1997	2,014	2,565	-551
1998	2,036	2,393	-357
1999	1,876	2,730	-854
2000	1,883	2,817	-934

Россий ский статистический ежегодник. Госкомстат России. М., 2001. С. 123.

유태인 자치주는 자유경제지역이다. 1990년대에 지속적으로 증가하던 실업률은 1999년을 기점으로 하락하기 시작했다. 최근 몇 년간의 지속적인 산업생산량 증가가 고용시장에 긍정적인 영향을 주어 실업률 하락 추세가 계속될 것으로 보인다.

유태인 자치주 경제활동인구(취업자, 실업자), 실업률

연도	경제활동인구 (1,000명)	취업자수 (1,000명)	실업자수 (1,000명)	실업률(%)
1992	104	106	7	6.6
1993	106	100	6	5.6
1994	101	90	12	11.7
1995	97	81	17	17.0
1996	93	81	12	12.6
1997	95	71	24	25.1
1998	91	69	22	23.9
1999	99	81	17	17.6
2000	94	80	14	15.2

Российский статистический ежегодник. Госкомстат России. М., 2001. С. 140.

2) 민족

유태인 자치주에는 60여 민족이 거주하고 있다. 주요 민족 구성을 보면, 러시아인 83.2%, 우변강주나인 7.4%, 원주민인 유태인 4.2%, 벨라루스인 1.0%, 따따르인 0.7%, 몰다비아인 0.6% 등이다.

3) 교육

유태인 자치주의 연구기관들은 1980년대 말부터 형성되기 시작했다. 주요 연구소로는 러시아 과학아카데미 극동지부 비로비잔 지역문제 분석 연구소, 러시아연방 교육부 민족교육문제 연구소 유태인 자치주 지부, 비로비잔 농업 연구소 등이 있으며, 교육기관으로는 106개 일반 중등학교, 국립 유태인 학교, 2개 러시아 문화학습 학교, 미술학교와 10개 음악학교, 그리고 사범대학, 6개 전문학교와 3-4개 직업학교들이 설치, 운영되고 있다. 자치주의 교육 수준은 인구 4%가 고등교육을, 인구의 83%가 중등교육을 이수한 수준이다. 교육부문의 발전을 위해 자치주 정부는 해마다 예산의 20%를 교육부문에 할당하고 있다.

2. 지역문화

1) 문화개괄

유태민족 문화는 그 자체로도 훌륭하고 흥미로우며 그 뿌리는 이 독자적이고 놀라운 민족이 태동할 당시로 몇 세기를 거슬러 올라간다. 그들의 정착지에는 반드시 유대교회당과 의식을 행하던 목욕탕, 특별한 유태인 묘지 등이 있었다. 그들의 집은 이웃 민족의 집들과 별다르지 않으나 현관과 집 앞의 작은 정원이 없는 것이 특징이었다. 집 안은 동양식 벽을 특별한 무늬나 벽화로 치장하였으며, 색칠하지 않은 부분은 붕괴된 예루살렘 성전을 상기시킨다.

유대인의 주 언어는 위대한 히브리어인데 위대하다고 말하는 이유는 이 언어로 구약성서가 씌어졌기 때문이다. 히브리어는 문학 작품이나 종교, 상류사회, 교육, 출판물에서도 사용되었다. 현재 히브리어의 주된 고전작가 및 창작자로는 블라지미르 제예프 자보찐스끼(Владимир Зеев Жаботинский), 아브라함 마뿌(Аврахам Мапу), 이예구다 레이프 고르돈(Иегуда Лейб Гордон), 하임 나흐만 발리크(Хаим Нахман Бялик), 샤울 체르니호프스끼(Шаул Черниховский) 등이 있다. 현재는 구세대만이 히브리어를 알고 있다.

유대어의 방언인 이디시어는 10-12세기에 독일에서 발생했다. 이 언어는 19세기 후반에 이르러 번성하게 되며 그 당시 러시아에서는 멘델레 모이헤르 스포림(Менделе Мойхер Сфорим)과 라비노비치(Ш. Н. Рабинович), 뻬레츠(И. Л. Перец) 등의 뛰어난 작품들이 이 이디시어로 씌어졌다.

그밖에도 이 오래된 민족의 대표적 작가들은 러시아 문화에 커다란 공헌을 했는데, 화가 레비딴(И. Левитан)과 조각가 안또꼴스끼(М. Антокольский), 작곡가와 음악가 형제인 루빈쉬떼인 형제(А. и Н. Рубинштейн), 문학가 겸 철학자인 게르센존(М. О. Гершензон), 동방학자 가르까비(А. Гаркави), 또 작가인 마르끼쉬(П. Маркиш)와 베르겔손(Д. Бергельсон), 끄비뜨꼬(Л. Квитко), 제르 니스쩨르(Дер Нистер), 고프쉬쩨인(Д. Гофштейн), 배우인 주스낀(В. Зускин), 이외에도 수많은 문화 예술분야의 저명한 작가들이 있었다.

유태인들은 보통 유대주의라는 하나의 종교를 지지한다. 여기에는 몇 가지 종류가 있는데 전통 정교파, 미스나게드, 하시드, 미즈라흐 등이 그것이다. 주 영토 내에는 수십 개의 시나고그와 이쉬프가 운영되고 있는데 이것은 과거의 종교 학교이다. 이 종교를 신봉하는 사람들 중에는 러시아 사람도 있다. 이들은 러시아 중앙과 바이칼 주변, 극동의 남부 지역에 사는 게르인과 수보트니크인들이다. 소수의 유태인들은 정교를 믿는다. 민속 의상은 빼놓을 수 없는 문화 영역이다. 남성복은 양모로 된 흑백, 또는 희고 비둘기색의 기도용 숄과 긴 실내복, 외투와 망토로 구성되어 있다. 머리는 특별한 모자로 가린다. 아쉬케나스 남자 의상은 반드시 사제복 상의와 검은 바지, 장화, 긴 외투, 털로 된 검은 모자를 쓰는 것을 그 특징으로 하였다. 결혼한 여자들은 가발로 머리를 가렸다.

2) 문화시설

유태인 자치주의 노래와 춤 분야의 민속은 인접 민족들과 가까운 동쪽 지방의 영향을 받았다. 여기에는 하시드 노래와 민중 드라마 공연, 카니발이 압도적이다. 또 옛날이야기와 잠언, 우화에는 성서의 테마가 주로 나타나고 있다.

현재 유태인 자치주에는 92개의 클럽과 98개의 도서관, 지역학 박물관과 예술 박물관, 필하모니아가 있다. 국립 유태인 극장과 바이올린 민속 앙상블, 민속 합창단, 어린이 무용 앙상블 '마젤또프(Мазелтов)'는 전 러시아에서 그리고 세계적으로도 유명하다.

자치주 중심에는 항상 국제적인 유태인 음악과 노래 페스티발이 진행된다. 유태인 사회 문화 센터인 '비로비좐 이스라엘(Биробиджан-Израиль)'은 자치주의 유태인 민족 문화 발전을 위해 매우 많은 일을 하고 있다.

지역의 중앙 도서 보관소로는 숄롬 알레이헴(Шолом Алей хем) 기념 비로비좐 종합 연구 도서관이 있다. 이곳에는 약 25만 권의 책이 보관되어 있으며 9만5천명의 이용자를 수용하고 있다. 2000년에 이 도서관은 개관 60년을 맞이하였고 현재 유태인 재단의 지원을 바탕으로 '도서 작업의 현대화와 유태인 자치주의 재단의 보존'이라는 프로젝트를 실행 중이다.

유태인 자치주에서는 지역주민과 방문객들의 여가 활동에 큰 관심을 기울이고 있다. 방문객들을 위해 극장과 필하모니, 박물관들, 문화의 집 정문은 친절하게 활짝 열려 있다. 저녁이면 무수한 바와 카페, 레스토랑, 디스코텍들이 문을 연다. 국립 유태인 극장은 러시아와 해외에서 굉장한 유명세를 얻었다. 한가한 시간이면 주민들은 바이올린 앙상블의 공연이나 민속 합창단, 어린이 무용단 '마젤또프'의 공연을 감상할 수 있다. 책의 세계에서 홀로 있고 싶은 사람들을 위해 자치주내 98개 도서관이 운영되고 있다.

유태인 자치주는 천연적인 자연 환경과 그 기후적 조건으로 인해 극동지방의 좋은 지역 중 하나로 간주된다. 온화한 기후와 미네랄워터를 보유한 덕분에 이 지역에는 큰 치료 요양 시설과 관광단지가 조성되었다. 현재는 러시아 차원의 시설이나 국제적 차원의 시설이 될 것으로 전망하고 있다. 이곳에서 사람들은 휴식을 취하고 건강도 회복할 수 있다.

추꼬트까 자치구
Чукотский Автономный Округ

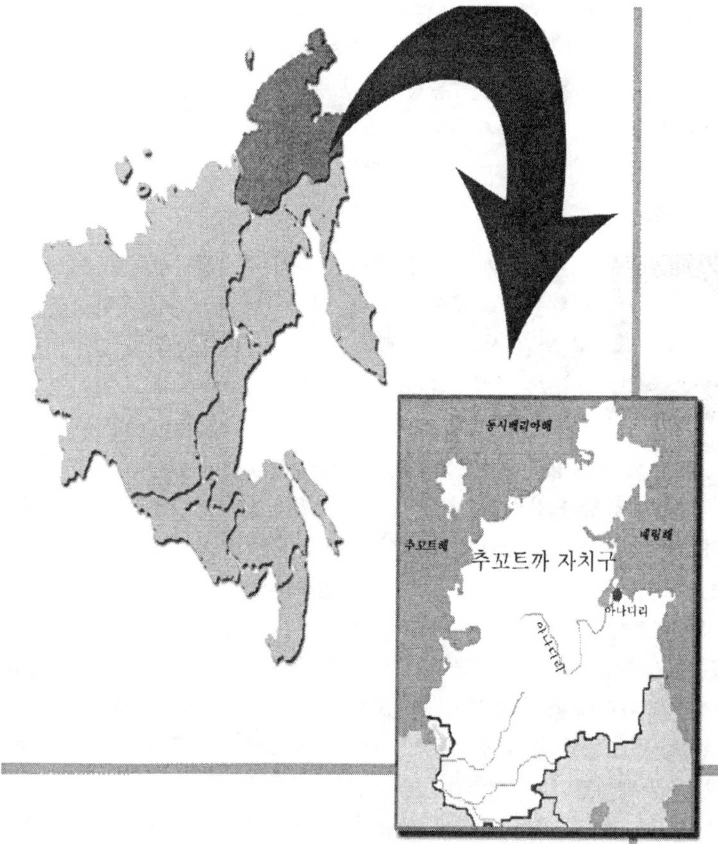

Ⅰ. 개황

1. 기초정보

자치주 성립일: 1992년 6월 17일 - 마가단주에서 분리

• 1930년 12월 10일 - 마가단주 소속으로 성립

자치주도: 아나디리(Анадырь)

인구: 75,000명(2001년 현재: 러시아연방 전체의 0.05%; 89개 주체 중 85위)

인구밀도: 0.10명/㎢

면적: 737,700㎢(러시아연방 전체 면적의 4.32%; 89개 주체 중 7위)

소속지구: 극동연방지구; 극동경제지구

한국과의 시차: +3시간

2. 상징

추꼬트까 자치구 문장

추꼬트까 자치구 문장은 보라색 방패형상으로, 이는 북방민족들의 지혜와 강인함, 자치구의 툰드라를 지배하는 북극의 밤을 상징한다. 백곰은 이 지역의 전통적인 상징으로 자치구의 잠재력과 힘을 상징하고, 자치구 영토를 묘사한 황색은 추꼬트까의 부의 원천인 금을 상징한다. 붉은색 별은 극지방의 별을 상징한다. 8개의 별빛은 아나디르 시와 함께 8개 구(區)의 통합과 북방민족들의 불굴의 정신, 삶에 대한 애착을 상징한다.

하늘색은 생각의 순수함과 고결함을 상징하며, 추꼬트까 섬을 둘러싸고 있는 두 대양(태평양과 북빙양)의 광활함을 나타낸다. 원형 고리의 붉은 색은 러시아연방 북동지역 국경지역인 이 지역의 독특한 위치를 상징한다.

원반 전체를 둘러싸고 있는 89개의 빛은 북방의 광명과 추꼬트까 툰드라의 정적을 나타내고, 숫자 '89'는 추꼬트까 자치구와 러시아연방과의 불가분의 관계 및 연방의 통합 등을 상징한다. 추꼬트까 자치구의 문장은 1994년 12월 28일 채택되었다.

추꼬트까 자치구기는 푸른색 장방형 천으로 제작되어, 깃대 쪽으로부터 중앙으로 백색 삼각형이 묘사되어 있다. 백색 삼각형 중앙에는 노란색 원형

추꼬트까 자치구기

고리로 둘러싸인 러시아연방 국기의 상징이 그려져 있다.

자치구기의 가로, 세로 비율은 3:2이며, 삼각형 밑변의 길이는 깃발의 높이와 동일하다. 백색 삼각형 밑변의 위치가 깃대 쪽에 있고, 모서리가 깃발 중앙(동쪽)에 위치한 것은 자치구 영토의 러시아연방 내의 위치(가장 변방에 위치함)를 비유적으로 표현한 것이다. 깃발의 백색과 청색은 극지방의 백야를 상징하며, 아울러서 청색은 추꼬트까 지역이 물에 둘러싸여 있음을 의미한다.

백색 삼각형 중앙에 위치한 러시아연방 국기의 엠블렘은 러시아 영토의 통합성을 상징하며, 엠블렘 주위의 황색 고리는 러시아에서의 일출은 추꼬트까에서 시작한다는 것을 의미한다. 또한 황색 고리는 '야라르'라 하는 것으로, 이것은 추꼬트까 토착소수민족의 민족문화적인 상징으로, 자치구의 주요 광물인 금을 상징하기도 한다. 추꼬트까 자치구기는 1994년 12월 28일 채택되었다.

3. 주요도시

아나디리(Анадырь): 인구 10,500명; 북위 64°64′, 동경 177°29′
(인구: 2002년 현재)

4. 주요 산업 및 농업

자치주의 주요 산업으로 광산업(금, 석탄, 갈탄 채굴), 전력에너지 산업, 어업 등이 발달했으며, 농업부문은 온실 야채재배, 사슴사육, 모피동물사육, 어업, 모피가공업, 해양동물 사냥(물개, 북극곰) 등이 발달했다.

Ⅱ. 자연환경

1. 지리적 위치와 구성

추꼬트까 자치구는 8개 행정구, 3개 시, 17개 도시형마을, 45개의 농촌마을로 구성되어 있으며, 러시아연방 북동부에 위치한 추꼬트까 섬으로 이루어져 있고, 동시베리아해, 추꼬트해, 베링해에 둘러싸여 있다.

싸하 공화국, 캄차트까주, 마가단주와 경계를 이룬다.

주요 하천은 아나디리(Анадырь), 벨리까야(Великая), 암구에마(Амгуэма)강, 꼴리마강의 지류인 볼쇼이 아뉴이(Большой Анюй), 말리 아뉴이(Малый Анюй)강이 있다.

수도 아나디리와 모스크바 간의 거리는 8,635㎞이다.

2. 기후조건

북극, 아북극 기후대, 해양성 기후

1월 평균기온: -15 ~ 39℃

7월 평균기온: 5 ~ 10℃, 13 ~ 14℃(아나디리 저지대)

연강수량: 200 ~ 500㎜

식생: 북극 툰드라

토양: 산악툰드라 토양

삼림분포도: 7%

3. 주요 유용광물

금, 볼프람, 주석, 수은, 갈탄, 석탄 등이 있다.

주요산지:

주석: 뻬베크(Певек), 쩰레께이스크(Телекей ск), 발꾸메이(Валькумей), 삐르까까이(Пыркакай).

금: 마이스크(Май ск).

갈탄: 아나디리 지역.

석탄: 베링(Беринг) 산지.

III. 정치시스템

1. 역사

현재의 추꼬트까 자치구의 영토는 이미 석기시대부터 인간이 거주하기 시작했다. 기원전 2천 년대 말 - 1천 년대 초 에스키모인들의 조상들인 연해의 사냥꾼 및 어부들은 고기잡이에 쓰는 날창, 작은 배의 골조(짐승가죽으로 테를 두른)를 고안해냈고 바다짐승(고래, 해마, 바다표범)을 사냥할 수 있었다. 대륙내부의 사슴사냥꾼들, 즉 축치족과 꼬랴크족의 선조들은 기원후 1세기 말부터 이 짐승들을 길들이며 사슴사육자가 된다.

17세기에 추꼬트까는 루시 국가의 소속으로 들어갔다. 안디르에는 러시아족 거주지가 생겨났다. 러시아 소속으로의 편입은 대규모 목장의 사슴사육 발전에 기여했다. 19세기 중반부터 토착 주민들을 만취시키고 약탈하는 미국 산업가 및 유통가들의 확장이 시작되었고 그 후 점점 증대했다. 20세기 초에 이 지역의 축치 및 다른 민족들은 종족구조의 단계에 놓여 있었고, 이 시기에 러시아족과 미국인들과의 유통의 영향 하에 재산 및 사회적 분화과정이 진행되었음에도 불구하고, 그들의 산업은 원시적인 방식이었다.

1917년 10월혁명 이후 안디르 마을에서는 1919년 12월 16일 추꼬트까의 혁명위원회가 생겨났다. 미국기업 <스벤센>과 현지의 상인들의 어업 상품에 대한 권리가 박탈되었고 유통의 발전을 위한 정책이 취해졌다. 그러나 1920년 1월 31일 꼴챠크 반란 참가자들의 잔여부대는 반(反)혁명적 반란을 감행했고 혁명위원회의 성원들을 사살했다. 1920년 7월에 적군이 꼴챠크 반란 참가자들을 격멸했고 소비에트 권력이 복원되었다. 안디르향의 집행위원회가 선출되었고 1921년 1월 6일 이 집행위원회는 인민 혁명위원회로 재조직되었다. 1921년 10월에 오호츠크 연안 및 깜차트까에는 블라지보스토크으로부터 백군의 반도들이 침투했다. 1923년 4월에는 적군의 원정부대가 백군의 주력부대를 섬멸했다. 8월 2-5일에 첫 번째 안디르향의 농촌 혁명위원회와 볼셰비키 혁명위원회의 대표자회의가 열렸다. 1923년에 우엘렌에는 추꼬트까지역 소비에트가 조직되었고 추꼬트까 반도 전체에 최종적으로 소비에트 권력이 확립되었다.

2차 세계대전 이전 5개년계획 시기에는 농업 및 채굴산업의 집단화가 이루어졌다. 축치족과 에스키모족은 문자를 얻게 되었다. 1930년 12월 10일 극동변강주의 안니르 및 추꼬트까지역들과 야꾸찌야 자치소비에트 사회주의공화국의 일부로부터 추꼬트까 민족지구(1977년부터는 자치구)가 구성되었다.

1941-45년 2차 세계대전 기간에 추꼬트까 자치구 주민은 독일 침략자들과의 전쟁에 적극적으로 참여했다. 전후시기에는 빠른 속도로 금채굴산업, 비금속채굴, 운송이 발전되었다.

1992년 6월에 그 주민들의 발의로 마가단주 소속에서 나오며 이는 연방법률 '러시아연방 소속으로 추꼬트까 자치구가 직접 편입되는 것에 관하여'에 의해 확립된다.[1)]

2. 권력기관

1) 전체 통치구조상의 특징

자치구에서 국가권력은 입법, 집행 및 사법으로의 분립을 기반으로 실현된다. 입법, 집행, 사법권력기관은 독자적이다.

자치구에서 국가권력을 구성하는 것은 다음과 같다. 추꼬트까 자치구의 지사 - 추꼬트까 자치구의 최고공직자, 추꼬트가 자치구의 두마 - 자치구의 입법(대의) 국가권력기관, 추꼬트까 자치구 정부 - 추꼬트까 자치구의 최고집행 국가권력기관, 자치구 헌장에 따라 구성되는 추꼬트까 자치구의 다른 국가권력기관.

2) 집행기관

자치구에는 자치구 지사가 지휘하고 자치구의 최고 집행 국가권력기관인 자치구 정부를 수장으로 하는 집행권력기관체계가 확립된다. 러시아연방 헌법에 따라 러시아연방 관할영역에서 그리고 러시아연방과 추꼬트까 자치구의 공동관할 사항에 관한 자치구의 권한영역에서 연방 집행권력기관과 자치구 집행권력기관은 러시아연방에서 집행권력의 단일한 체계에 들어간다.

자치구 정부는 상설적으로 활동하는 자치구 집행권력이다. 자치구 정부는

---

1) 추꼬트까 자치구의 역사부분은 다음을 번역, 정리한 것이다. Чукотский автономный округ. http://www.migratio.ru/geo/geo_chukotka.htm. (2005년 3월 28일 검색)

러시아연방 헌법, 연방법률 및 러시아연방의 다른 법규, 자치구 헌장과 법률 및 다른 법규의 집행을 자치구 영토에서 보장한다. 자치구 정부의 구조는 자치구 법률로 정해진다.

자치구 지사와 정부의 활동지원과 자치구 지사와 정부에 의해 채택된 결정을 집행권력기관이 이행하는 것에 대한 통제를 조직화하기 위해 자치구 지사와 정부의 기구가 구성된다. 이 기구는 자치구 자치와 정부의 기구의 장이 지휘하며, 그는 자치구의 부지사이다. 지사와 정부의 기구에 관한 사항은 자치구 지사에 의해 승인된다.

자치구 지사는 자치구의 최고 공직자로서 자치구의 최고 집행 국가권력기관인 자치구 정부를 지휘한다. 연방법률에 따라 자치구 지사는 동시에 자치구 두마의 의원과 자치구의 대의 지방자치기관의 의원이 될 수 없고 연방법령이 달리 정하지 않았다면 교육, 학문 및 다른 창조적 활동을 제외한 유급활동에 종사할 수 없다.

자치구 지사는 비밀투표 하에 보통 평등 직접선거를 기반으로 5년 임기로 선출되며 두 번을 초과하여 연속으로 해당 직위에 선출될 수 없다. 자치구 지사로는 30세 이상의 피선거권을 갖는 러시아연방 시민이 선출될 수 있다. 자치구 지사선거의 진행절차는 자치구 법률로 정해진다.

3) 입법기관

자치구에서 입법권력은 자치구의 최고의 단일한 입법권력기관인 자치구 두마에 의해 실현된다. 자치구의 관할에 관련되는 문제들에 관한 가장 중요한 법률은 자치구의 주민투표에 의해 직접적으로 채택될 수 있다.

자치구 두마는 입법(대의) 국가권력기관으로서 상설적인 기반에서 활동한다. 자치구 두마는 13명으로 구성되며 5년 임기로 자치구 주민에 의해 선출된다. 자치구 두마는 정해진 의원수 3분의 2 이상이 선출되면 자신의 업무를 시작할 권한이 있다. 직업적, 상설적 기반에서 일하는 의원수는 자치구 두마에 의해 정해진다. 의원들의 의원활동의 실현여건(직업적인 상설적 기반에서 혹은 일정기간동안 상설적 기반에서, 아니면 주요활동의 중단 없이)은 자치구 법률로 정해진다.

자치구 두마의 의원은 자치구 영토에 거주하면서 연방법률에 따라 적극적 선거권을 갖는 러시아연방 시민들이 선출한다. 자치구 두마의 의원으로는 21세에 다다르고 피선거권을 갖는 러시아연방 시민이면 선출될 수 있다. 자치구 두마의 의원선거는 비밀투표 하에 보통 평등 및 직접선거권을 기반으로 실시된다. 자치구 두마의 의원의 지위, 자치구 두마선거의 준비 및 진행 절차는 연방법률, 자치구 헌장 및 법률로 조절된다.[2)]

3. 대의정치

1) 러시아연방 대통령 선거

추꼬트까 자치구에는 러시아연방 차원의 선거에서 하나의 선거구가 있다. 전체 유권자수는 러시아연방 국가두마의원 선거와 연방대통령 선거의 경우 4민 4천명 안팎으로 집계되었다. 꼬랴크 자치구에 이어 유권자수가 적은 선거구에 들어간다.

2000년 3월 26일 실시된 러시아연방 대통령 선거에는 유권자의 73.9%가 투표에 참여했고 뿌친이 투표참여 유권자의 67.2%의 지지를 획득했다. 주요 후보들의 득표율은 다음과 같다.

후 보 명	득표율(추꼬트까 자치구,%)	득표율(러시아연방,%)
지리노프스끼	3.9	2.7
쥬가노프	15.3	29.3
뿌친	67.2	52.8
찌또프	0.9	1.5
뚤레예프	3.0	3.0
야블린스끼	4.6	5.8
모든 후보에 대한 반대	1.8	1.9

출처: Приложение. Результаты голосования на президентских выборах 2000г. по регионам // Президентские выборы 2000 года в России / Под ред. Май ка Макфола, Николая Петрова и Андрея Рябова. М.: Московский Центр Карнеги, 2000; Выборы-2000 в цифрах и событиях. http://www.nns.ru /Elect-2000/result. (2005년 5월 13일 검색)

2) Устав Чукотского автономного округа. http://chukotka.cikrf.ru/ (2004년 5월 26일 검색)

2) 러시아연방 연방의회

가) 러시아연방 국가두마(하원)의원 선거

1999년 12월 19일 실시된 러시아연방 국가두마의원 선거에서 정당별 투표에 참여한 유권자수는 30,418명으로서 전체 유권자의 68.90%를 차지했다. 추꼬트까 자치구에서 정당별 투표의 최다득표자는 '단결(메드베드)'였다.[3)]

목록	득표수	득표율(추꼬트까 자치구, %)	득표율(러시아연방,%)
야블로코	2130	7.00	5.93
단결(메드베드)	13215	43.44	23.32
지리노프스끼 블록	2452	8.06	5.98
조국-전러시아	985	3.24	13.33
러시아공산당	3386	11.13	24.49
우파연합	2311	7.59	8.52
모든 후보에 대한 반대	1162	3.82	

나) 러시아연방 연방회의(상원)의 성원

추꼬트까 자치구에서 선출된 러시아연방 상원의원은 말낀(Е. Н. Малкин)과 뽀노마레바(Л. Н. Пономарева)이다. 말낀은 예산에 관한 연방회의 위원회 위원, 독점에 관한 연방회의 위원회 위원으로서, 추꼬트까 자치구 연방회의에서 선출된 대표자이다. 1954년 7월 9일생으로서, 2002년 1월 1일 선출되었고 임기는 2005년 12월 만료된다. 뽀노마레바는 사회정책에 관한 연방회의 위원회 위원으로서 추꼬트까 자치구 정부로부터 파견된 대표자이다. 1949년 7월 1일생으로서 2005년 3월 23일 권한이 승인되었고 2005년 12월 임기가 만료된다.[4)]

3) 연방주체의 수장 선거

2000년 12월 24일 추꼬트까 자치구 지사 선거가 성립되었다. 세명이 입후보했고 투표는 한번 실시되었다. 등록된 후보 및 그 득표율은 다음과 같다.

---

3) 러시아연방 국가두마(하원)의원 선거결과는 러시아연방 중앙선거위원회 및 지역 선거위원회의 사이트에서 제시된 것을 참조. Центральная избирательная комиссия Российской Федерации. http://cikrf.ru/. 자료에 대한 검색은 주로 2003년 10월부터 2004년 1월에 걸쳐 이루어졌다.

4) Малкин Ефим Наумович. http://council.gov.ru/sostav/member/m10743.htm; Пономарева Лариса Николаевна. http://council.gov.ru/sostav/member/m10829.htm.

후 보 명	득표율(%)
아브라모비치(Абрамович Р.А.)	90.61
에뗄린(Етылин В.М.)	3.21
찌쁠라꼬프(Цьплаков С.П.)	0.74

선거에는 등록된 유권자의 67.59%가 참여했다. 모든 후보에 대한 반대에는 3.60%가 참여했다. 추꼬트까 자치구 지사로는 아브라모비치가 선출되었다.5)

2. 경제 시스템

1) 경제개황

추꼬트까 자치구는 러시아연방의 북동쪽에 위치하고 있으며 7개의 연방지구 중 중앙연방지구에 속하고 12개의 러시아 경제지역 중 극동경제지역에 속한다.

이 지역의 주요한 운송수단으로는 아나디리항구, 뻬벡항구 등의 수상수단이며 이와 더불어 비행기 등이 이용된다. 이처럼 추꼬트까 자치구에서 바다의 역할은 매우 다양하며 지대한 역할을 한다. 특히 베링해는 매년 북해로를 경유하여 운송되는 화물의 증가에 힘입어 의미가 커지고 있다.

추꼬트까 자치구를 통하여 유출되는 물품은 대부분 석탄, 금속 등이며 유입되는 물품은 각종 설비와 석유생산품, 건축자재, 식품 등이다.

추꼬트까 자치구의 전체지표인 지역총생산은 러시아대비 0.1%의 규모를 가지고 있다. 추꼬트까 자치구의 지역총생산과 1인당 지역총생산을 들어보면 다음과 같다.

추꼬트까 자치구 지역총생산액 추이

항목 \ 년도	1996	1997	1998	1999
지역총생산	57,642	64,606	2,504	3,212
1인당 지역총생산	15,316	17,136	31,774	43,174
지역총생산 지수		101.0	77.1	92.4

http://www.infostat.ru/epub.htm (검색일: 2003.1.10)

5) Регионы - Губернаторские выборы в 2000 году - Чукотский автонмый округ. http://i1600.100mb.ru/~grankin/archiv/reg87el.htm.

추꼬트까 자치구의 지역총생산의 주요 구성에 따른 비율을 보면 공업부문이 상대적으로 우위를 점하고 있으며 약 42.6%에 이르고 있다. 그리고 건설, 운송, 유통이 각각 3.6%, 9.9%, 6.3%에 이르고 있다.

추꼬트까 자치구의 기업부문의 지표에 있어 총 기업수와 소 기업수 그리고 공업활동기업수를 연도별 추이로 살펴보면 다음과 같다.

기업수 추이

항목 \ 년도	1997	1998	1999	2000
총기업수(연말)	44,943	47,289	1,478	1,564
소기업수(연말)	16,359	15,616	132	86
활동기업수	2,734	2,769	96	67

http://www.infostat.ru/epub.htm (검색일: 2003.1.10)

추꼬트까 자치구의 기업부문의 가장 큰 과제는 소기업의 육성이다. 소기업의 육성은 추꼬트까 자치구에 각 산업의 수요를 보충하고 자치구에 산재하여 있는 많은 문제들을 해결할 수 있다. 따라서 추꼬트까 자치구 행정국은 소기업을 지원하고 발전체계를 단일화하여 육성할 수 있도록 관심을 집중시키고 있다.

이 외 추가적으로 추꼬트까 자치구 행정국의 차원에서는 이 지역의 주요 부문인 어업의 인프라를 구성하고 동시에 기타 러시아의 다른 지역뿐만 아니라 외국과의 운송 및 경제관계를 확대시키기 위하여 노력하고 있다.

2) 산업

(1) 공업

추꼬트까 자치구의 공업의 중심지는 아나디리시로 식품생산의 중심지이다. 추꼬트까 자치구의 공업을 전반적으로 이해하기 위해 공업총량에 대한 지표를 살펴보는 보기 위해 총 공업생산량과 공업생산지수를 연도별 추이로 보면 다음과 같다.

총 공업생산량 추이

항목 \ 년도	1997	1998	1999	2000
총 공업생산량	49,948	59,568	1,901	2,332
공업생산 지수	104	100.2	92	110

http://www.infostat.ru/epub.htm (검색일: 2003.1.10)

추꼬트까 자치구의 공업부문별 구조를 살펴보면 가장 기본이 되는 부분으로 금과 석탄 및 갈탄 등 지하자원의 채굴산업을 들 수 있다. 이와 더불어 전기전력 및 어류 가공산업도 중요한 부분이다. 구체적으로 여타 부문들의 비율을 살펴보면 다음과 같다.

주요 공업생산부문별 생산비율

생산부문	추꼬트까 자치구 총공업생산 비율
전기전력	24.3%
연료공업	7.3%
비철금속	63.8%
기계제작 · 금속가공	0.1%
목재가공, 종이 · 펄프	0.1%
경공업	0.1%
식품공업	4.1%
기타	0.2%

http://www.infostat.ru/epub.htm (검색일: 2003.1.10)

(2) 농업

추꼬트까 자치구의 농업전반을 보기위해 총 농업생산량과, 총 농업생산액 중 작물관련 생산액, 총 농업생산액 중 가축관련 생산액을 연도별 추이로 살펴보면 다음과 같다.

농업생산량 추이

항목 \ 년도	1997	1998	1999	2000
총농업생산액	12,626.1	10,929.7	112.0	85.6
작물관련 생산액	7,735.7	5,724.8	4.3	12.0
가축관련 생산액	4,890.4	5,204.9	107.7	73.6
농업생산 지수	107	70	75	45

http://www.infostat.ru/epub.htm (검색일: 2003.1.10)

추꼬트까 자치구의 총 경지면적에서 재배되는 작물들의 면적비율을 살펴보면 주요 농산물과 기여도를 파악할 수 있다. 추꼬트까 자치구에 주로 파종되는 식물의 종류를 보면 사료용 작물과 곡물은 여타 지역과는 달리 거의 생산이 되지 않고 있어 통계에도 잡히지 않고 있다. 감자와 채소가 거의 100%를 차지하고 있다.

추꼬트까 자치구의 농업부분에 있어 발달되어 있는 주요부문은 자연적 조건에 기해 여타 지역과는 다른 특징을 가지고 있다. 이 지역에는 여타 지역에서 별로 행해지는 않는 농업 즉, 온실 야채재배, 사슴사육, 야생동물의 사육, 어로, 사냥 등이 행해지고 있다.

그 외 일반 농작물도 생산되지만 그 양은 풍부하지 않다.

감자-100 톤; 채소-200 톤; 가축과 가금류(도살 후 무게)-400 톤; 우유-100 톤 등이다.

추꼬트까 자치구의 가축사육과 관련해서 2000년 년말기준으로 길러지고 있는 소는 1,000 두이며 돼지의 수는 겨우 500 마리에 이르고 있어 가축사육이 미미함을 알 수 있다.

3) 자원 등 기타

추꼬트까 자치구는 야쿠찌야 공화국, 깜차트까주, 마가단주와 경계를 접하고 있는 반도에 위치하고 있다. 전체면적은 73만 7,700㎢이며 날씨는 8-9개월간의 길고 추운겨울에 반해 여름은 무척 짧다.

추꼬트까 자치구의 가장자리에는 세른강과 엔미바암강이 흐르며 북쪽에는 3개의 강이 있어 이 자치구를 둘러싸고 있고 동쪽에는 시비리강, 추코츠강, 베링그강이 흐른다.

추꼬트까 자치구의 식물계는 툰드라지대가 주종을 이루고 있다. 그러나 남서부지역에서는 산림과 툰드라의 중간지대 및 삼림지대를 만날 수 있으며 이 지역에서는 적은 수의 사슴이 방목되고 있고 늑대도 서생한다.

이 지역에는 흰색의 양, 부리 짧은 사슴 등의 희귀동물들이 분포하고 있다. 또한 추꼬트까 자치구에는 100년 가까이 사슴과 기타 동물을 직접 사육하고 있으며 조류, 어류에 대한 사육도 활발히 진행해 오고 있다.

추꼬트까 자치구에는 유용광물자원이 많으며 특히 베린고프와 아나디르스크 매장지에서는 100억 톤에 이르는 석탄이 매장되어 있다. 이 외 추고쯔만과 동시베리아 바다의 연안에는 대규모 석유매장지가 있다. 금광에 대한 탐사는 1958년에 처음 시작되었으며 현재 820 톤이 채굴되었으며 전문가의 진단에 의하면 이 지역의 사금의 매장량은 향후 10-15년의 러시아 수요를 충족시킬 것이라고 평가되고 있다.

V. 문화시스템

1. 지역정체성

1) 인구

추꼬트까 자치구의 2001년도 인구수는 75,000명이다. 1990년대 대비 50% 이상 줄어들었다. 주민의 대부분이 촌락에 거주하며, 원주민이 3분의 1이다. 경제적 어려움으로 인해 많은 주민들이 러시아의 중부지방으로 이주한다. 최근에는 청년층의 지속적인 유출로 인한 인구 고령화 문제도 나타나고 있으며, 영아 사망률이 극히 높다(34%). 일부 전문가들은 3-4년 후에는 추꼬트까 자치구에 15,000명 정도만 남을 것이라고 우려하고 있다. 그러나 여러 가지 부정적인 상황에도 불구하고 2000년에도 116명의 인구가 자연 증가했다. 인구밀도는 0.1명이다.

추꼬트까 자치구 인구변동 추이

연도	1990	1992	1993	1994	1995	1996	1997	1998	1999	2000	2001
인구수 (1,000명)	162	152	131	119	106	97	92	87	83	79	75

Россий ский статистический ежегодник. Госкомстат России. М., 2001. С. 83.

추꼬트까 자치구 출생자수, 사망자수, 자연증가율

연도	출생자수(명)	사망자수(명)	자연증가율(명)
1990	2,208	598	1,610
1992	1,565	763	802
1993	1,191	907	284
1994	1,153	884	269
1995	935	816	119
1996	935	816	119
1997	818	598	220
1998	855	612	243
1999	672	530	142
2000	686	570	116

Россий ский статистический ежегодник. Госкомстат России. М, 2001. С. 123.

추꼬트까 자치구는 여러 부문에서 발전이 미약하고, 물가는 높고 임금은 낮아 숙련된 전문가들은 러시아 중부지방으로 이주하고 있다. 그 결과 노동시장의 상황은 더욱 악화되었으며, 금 채굴량 감소와 군부대들의 이전으로 자치구의 경제는 파탄상태에 이르렀다. 실업률은 2000년에도 연방 타 지역에서와는 달리 여전히 호전기미를 보이지 않고 있다.

추꼬트까 자치구 경제활동인구(취업자, 실업자), 실업률

연도	경제활동인구 (1,000명)	취업자수 (1,000명)	실업자수 (1,000명)	실업률(%)
1992	82	80	2	2.0
1993-96	....	....	....	....
1997	58	44	5	8.4
1998	46	46	2	4.9
1999	50	43	5	9.3
2000	48	42	5	10.0

Российский статистический ежегодник. Госкомстат России. М., 2001. С. 140.

2) 민족

추코트까 자치구에는 60여 민족이 거주한다. 주요 민족 구성을 보면, 러시아인이 66.1%, 우변강주나인 16.8%, 원주민인 축치인이 7.3%, 벨라루스인 1.9%, 에스키모인 0.9%, 에벤인 0.8%, 추반인 0.6% 등이다.

3) 교육

추꼬트까 자치구 정부는 교육과 과학 발전에 많은 노력을 기울이고 있으며, 소수민족들의 역사, 문화, 생활관습을 보존하기 위해 다양한 민족학교를 개설했다. 모든 민족학교에서는 고유 민족어교육이 이루어지고 있으며, 추꼬트까의 역사와 자연, 장식예술(바느질, 자수, 뼈 조각 등)에 관한 교과목을 개설하고 있다. 농촌 학교에는 민속박물관과 민족어 연구실이 설치, 운영되고 있으며, 해마다 추꼬트까 제 민족의 문화, 언어의 보존과 발전 문제에 관한 세미나 및 강좌를 개최하고 있다. 자치구 교육국은 대학진학자들에게 학교가 있는 지역까지의 왕복 교통비와 월별 장학금을 지급하는 등 광범위한 재정지원을 하고 있다. 특별히 재능이 있는 아이들은 자치구의 민족학교에 입학시켜 교육하고 있으며, 추꼬트어, 민담, 무용 등을 필수과목으로 가르치고 있다.

2. 지역문화

1) 문화개괄

각각의 민족은 고유한 역사와 문화, 생활관습 등을 지니고 있다. 사슴사육, 낚시, 사냥, 모피업, 유목업, 등의 전통적인 생계수단이 발달하자 그에 부합하는 생활 방식, 주민들의 근본적인 성격 등이 결정되었다. 북쪽의 소수민족 문화는 모국어와 전통적인 전문기술, 생활방식, 예술산업, 구비문학의 상실로 사라질 위험에 처하게 되었다. 이렇게 된 데에는 문화에 대한 물질적, 재정적 지원의 감소가 한 몫을 하였다.

문화 예술은 추꼬트까 원주민에게 소중한 것이므로 이곳에서는 어려운 조건 속에서도 이미 존재하는 것들을 보호할 뿐만 아니라 새로운 문화 중심지를 건설하려고 시도하고 있다.

다른 러시아 지역과 마찬가지로 추꼬트까 자치구에도 텔레비전과 라디오, 인터넷이 존재한다. 그러나 대륙과는 달리 이곳에는 지금도 '문화의 집'이 활동하고 있으며, 특히 민속마을이라 불리는 곳에서는 이 문화의 집은 마을 주민들이 교제하는 특별한 중심지의 역할을 하고 있다.

물론 최근 러시아가 처했던 사회 경제적 상황들은 추꼬트까 지역 문화의 변화에 부정적인 영향을 미쳤다. 소위 전망 없는 지역들의 폐쇄와 함께 자치구에는 14개의 '문화의 집'이 폐관되었고 7개의 도서관이 문을 닫았다.

추꼬트까 문화의 특성 중 하나는 문화 선전단이 있다는 것이다. 그들은 사슴사육자를 위한 선전단을 구성하여 떠나 툰드라에서 독자적이고 꽤 전문적인 콘서트를 개최한다. 전에는 거의 각 지역마다 집단농장에서 자신들의 선전단을 결성했으나 1996년 이후 이들의 수는 22개 선전단에서 4개로 현저히 감소했다. 원인은 모두 운영 자금의 부재와 자금마련의 어려움, 교통비와 이동에 필요한 비용 때문이었다. 그럼에도 불구하고 아직 남아있는 여단들은 자신들의 조상의 전통을 이어받아 사슴사육자들에게로 떠난다.

추꼬트까 주민들은 현재까지도 도서관을 매우 자주 애용한다. 최근 5년동안 추꼬트까 자치구는 주민들의 도서관 이용비율에서 러시아에서 첫 번째를 차지하고 있다. 도서관은 명실 공히 정보와 문화의 중심으로 자리 잡은 것이다. 이 도서관에서는 게임과 콩쿠르, 퀴즈 대회 등이 치러진다.

재정적인 어려움에도 불구하고 자치구의 지도자들은 다방면에서 지역 문화 시설들을 지원하고 있다. 1997에서 1999년 사이 자치구에는 2개의 시영 박물관이 개관되었다. 우엘렌 추꼬트까 지역의 골재조각예술 박물관과 메이니뻴기노 베린고프스끼(Мей ныпильгыно Беринговский) 지역의 추꼬트까 민속 박물관이 그것이다. 이 시기에 자치구 박물관의 소장품들이 급속히 증가되었다. 그 결과 주요한 소장품들은 6만3천 점에 이르고 부차적인 소장품은 2만2천 점에 달한다.

추꼬트까 지지 박물관의 전경

추꼬트까에는 전 박물관을 합해 5만 점 이상의 골재조각품들이 진열되어 있으며 이들은 축치인들과 에스키모인들의 생활 모습을 담은 것이다.

추꼬트까는 민속춤과 전통음악도 소중히 보존하고 있다. 많은 부락에는 고유한 민속 앙상블이 구성되어 있다. 그들 중 하나는 전세계적으로 유명한 전문적 공연단인 앙상블 '에르기론(Эргырон)'이며 이들은 자치구내 뿐 아니라 해외에서도 공연하고 있다.

재정적 어려움에도 불구하고 추꼬트까는 문화시설망을 확대하는 노력을 계속하고 있다. 최근 라무츠끼, 아나디리 지역 민속 마을에 문화의 집이 건설되었고 다른 민속 마을의 '문화의 집'도 새 건물로 자리를 옮겼다.

2) 문화시설

추꼬트까 지역은 좋지 않은 기후에도 불구하고 많은 사람들이 이 지역의 매력에 이끌려 찾아오곤 한다. 이들은 힘들고 특이한 스포츠를 즐기는 사람들, 혹은 전문적인 스포츠맨들이다.

러시아의 중심부에서 길도 없이 몇 천 킬로미터 멀리 떨어진 추꼬트까는 여행객들이 찾아오기에 매우 힘든 곳이다. 현재는 뻬벡, 혹은 더 먼 지방까지 겨울에도 (1월부터 4월 중순까지를 포함해) 갈 수 있기는 하지만 이 여행로는 아직도 매우 힘들고 길고 추운 곳으로 남아있다. 여름에는 추꼬트까까지 오는 훌륭한 수로가 있다. 그러나 대체로 유일한 가능성은 항공편을 이용하는 것이다. 북동쪽으로는 추꼬트까 고원이 자리하고 있어 많은 관광객들을 유혹한다. 여행 코스는 주로 사람이 살지 않는 곳을 지나게 된다.

하바로프스크 변강주
Хабаровский Край

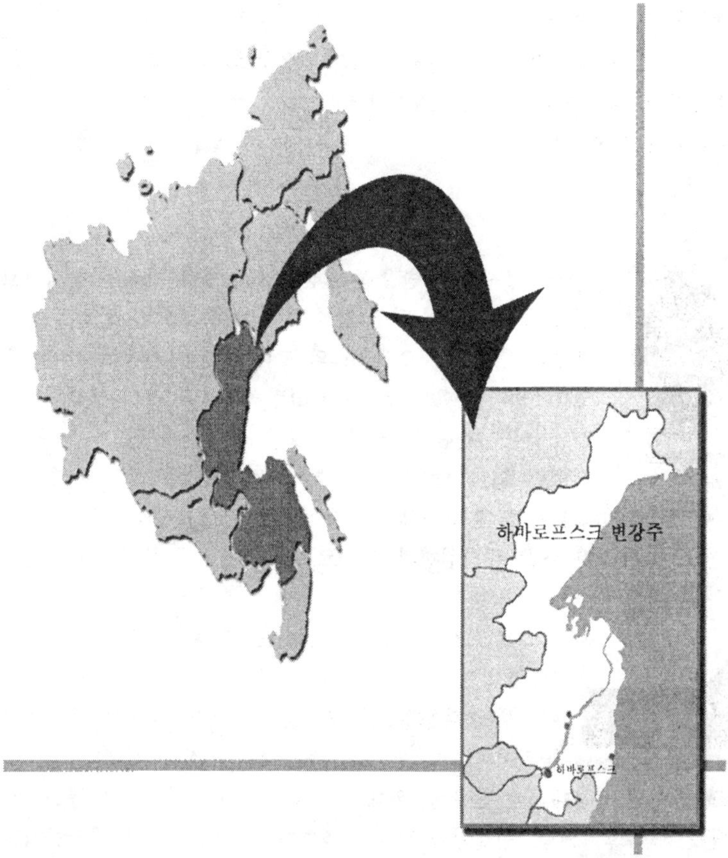

Ⅰ. 개황

1. 기초정보

변강주 성립일: 1938년 10월 20일.

변강주도: 하바로프스크(Хабаровск)

인구: 1,496,000명(2001년 현재: 러시아연방 전체의 1.03%; 89개 주체 중 34위)

인구밀도: 1.89명/㎢

면적: 788,600㎢(러시아연방 전체 면적의 4.62%; 89개 주체 중 3위)

소속지구: 극동연방지구; 극동경제지구

한국과의 시차: +1시간

2. 상징

하바로프스크 변강주 문장

하바로프스크 변강주 문장은 프랑스식 방패형 문장으로 정 중앙에 가슴이 하얀 힘센 곰이 앉아 있으며, 앞발로는 변강주의 주도 하바로프스크의 고대 문장을 가슴에 끌어안고 있다. 눈이 붉은 곰은 입을 벌린 채 붉은 혀를 날름거리고 있다. 이는 찬란한 태양의 일출을 상징한다.

벌린 입과 날카로운 이빨, 붉은 눈과 혀는 곰의 힘, 즉 러시아 동쪽 지역의 수호 능력을 상징한다. 하바로프스크시의 문장을 가슴에 안고 있는 것은 이를 뒷받침한다. 하바로프스크 변강주 문장은 1994년 7월 28일 채택되었다.

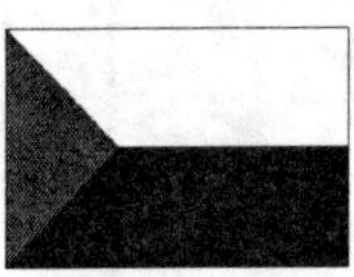

하바로프스크 변강주기

하바로프스크 변강주기는 포크형태로 3분(N1, N2, N3)된 장방형 천으로 제작되었다. 왼쪽으로부터 중앙으로 위치한 삼각형(N1)의 모서리각은 90도이다. 삼각형 N1은 녹색이며, 삼각형 N2, N3는 각각 백색과 청색이다.

N3(청색)는 아름다움과 온화함, 위대함을, N1(녹색)은 희망과 기쁨을, N3(백색)는 순수함, 선함, 무결함을 각각 상징한다. 하바로프스크 변강주기는 1994년 7월 28일 채택되었다.

3. 주요도시

하바로프스크(Хабаровск): 인구 606,100명; 북위 48°25′, 동경 135°7′

꼼소몰스크-나-아무레(Комсомольск-на-Амуре): 인구 286,600명; 북위 50°34′, 동경 137°0′

아무르스크(Амурск): 인구 51,900명; 북위 50°14′, 동경 136°53′

니꼴라예프스크-나-아무레(Николаевск-На-Амуре): 인구 31,100명; 북위 53°8′, 동경 136°53′

소베쯔까야 가반(Советская Гавань): 인구 30,600명; 북위 48°58′, 동경 140°17′

(인구: 2002년 현재)

4. 주요 산업 및 농업

변강주의 주요 산업으로 기계제작, 금속가공(농기구제작, 에너지설비, 선박건조/수리, 주물설비), 비철금속업, 경공업, 목재가공업, 제지공업, 원유가공, 화학공업, 어업 등이 발달했으며, 농업부문은 밀, 보리, 콩, 감자, 야채, 사료작물 및 각종 유실수 재배, 낙농업, 사슴사육(북부지역), 모피동물사육, 사냥 등이 발달했다.

Ⅱ. 자연환경

1. 지리적 위치와 구성

하바로프스크 변강주는 17개 행정구, 7개 시, 29개 도시형마을, 185개의 농촌마을로 구성되어 있으며 지역의 대부분에는 산들이 분포하고 있는데, 주요 산들로는 씨호떼-알리니, 주그주르, 쑨따르-하야뜨(고도는 2,889m에 이른다) 등이 있다.

연해 변강주, 유태인 자치주, 아무르주, 마가단주, 중국과 경계를 이루며 오츠크해, 동해, 따따르 해협에 둘러싸여 있다.

주요 하천은 아무르(Амур), 우쑤리, 우다(Уда), 우추르(Учур), 마야(Мая, 알단강의 지류)이다.

수도 하바로프스크(Хабаровск)와 모스크바 간의 거리는 8,533㎞이다.

2. 기후조건

대륙성 온난기후, 온난몬순기후

1월 평균기온: -16 ~ -22℃, -40℃(북부 지역)

7월 평균기온: 12 ~ 20℃

연강수량: 400 ~ 600㎜, 500 ~ 800㎜(북부 지역), 800 ~ 1,200㎜(산악 지역)

식물 생장 기간: 120일(아무르강 분지)

식생: 혼합림(북부 지역), 타이가(남부 지역)

토양: 산악타이가 토양

삼림분포도: 61%

3. 주요 유용광물

석탄, 주석, 금, 인회토, 수은, 철광석, 갈탄, 흑연, 망간, 장석, 이탄, 건축자재 등이 있다.

주요 산지:

석탄: 우르갈스크(Ургальск) 산지.

주석: 쏘네츠노예(Солнечное).

금: 므노고베르신노예(Многовершинное).

인회토: 우다(Уда).

III. 정치시스템

1. 역사

하바로프스크는 1858년에 군사초소 하바로프까(러시아족의 개척자 하바로프를 기리기 위한 명칭)로 세워졌다. 1880년부터는 하바로프까시로서 연해주의 행정중심이었고 1884년부터는 쁘리아무르 총독부의 중심이었다. 1897년에 하바로프스크는 철도로 블라지보스토크과 연결되었다. 1908년에는 아무르 소함대 기지가 세워졌다.

20세기 초에 하바로프스크는 극동의 대규모 중심지였다. 1916년에는 하바로프스크를 철도로 동부시베리아와 연결하는, 아무르를 통과하는 철교가 건설되었다. 1926년부터는 극동 변강주의 중심이 되었다.

하바로프스크 변강주는 1938년 10월 20일 구성되었다. 그 구성에는 아무르, 유태인, 니즈네-아무르, 깜차트까, 싸할린주와 꼴리마강 지역들이 들어갔다. 1947년에 하바로프스크 변강주로부터 싸할린주가 분리되었고 1948년에 아무르주가 분리되었다. 1953년에 꼴리마강의 지역들로 독자적인 마가단주가 구성되었고, 1956년에는 깜차트까주가 독자적이 되었다. 이 시기에 니즈네-아무르주가 폐지되었고 거기에 들어갔던 지역들은 하바로프스크 변강주의 직접적인 예속이 되었다. 러시아연방 헌법에 따라 1991년부터 유태인 자치주가 독자적인 연방주체가 되었다.[1)]

2. 권력기관

1) 전체 통치구조상의 특징

하바로프스크 변강주에서 국가권력은 입법, 집행, 사법으로의 분립, 국가권력기관체계의 단일성과 그 독자성, 러시아연방 국가권력기관과 하바로프스크 변강주 국가권력기관들 사이의, 하바로프스크 변강주 국가권력기관과 하바로프스크 변강주 지방자치기관 사이의 관할사항 및 권한의 분리를 기반으로 실현된다.

---

1) 하바로프스크 변강주의 역사부분은 다음을 번역, 정리한 것이다. Хабаровский край. http://www.migratio.ru/geo/geo_hab.htm. (2005년 3월 28일 검색)

하바로프스크 변강주에서 입법권력을 실현하는 것은 하바로프스크 변강주의 입법국가권력기관인 하바로프스크 변강주의 입법두마(이하 - 두마)이다. 하바로프스크 변강주에서는 하바로프스크 변강주의 최고 집행 국가권력기관, 즉 하바로프스크 변강주의 최고 집행권력기관의 지도자 - 하바로프스크 변강주의 지사(이하 - 변강주 지사)가 지휘하는 하바로프스크 변강주의 정부를 수장으로 하는 집행권력기관체계가 확립된다. 하바로프스크 변강주에서 사법권력을 실현하는 것은 러시아연방의 단일한 사법체계에 들어가는 법원이다.

2) 집행기관: 하바로프스크 변강주 지사와 정부

변강주 지사는 하바로프스크 변강주의 최고의 공직자로서 하바로프스크 변강주의 최고 집행권력기관인 하바로프스크 정부를 지휘한다. 지사의 위임통치의 내용은 연방 및 변강주 법률을 기반으로 집행-운영활동에 대한 권리를 그에게 위임하는 것으로 구성된다.

변강주 지사는 하바로프스크 변강주 영토에 거주하면서 연방법률에 따라 적극적 선거권을 갖는 러시아연방 시민이 비밀투표 하에 보통 평등 직접 선거권을 기반으로 선출된다. 변강주 지사로는 연방 및 변강주 법률에 따라 피선거권을 갖는 러시아연방 시민이 선출될 수 있다. 변강주 지사는 4년 임기로 선출되며 두 번의 임기를 초과하여 연속으로 지적된 지위에 선출될 수 없다.

변강주 지사는 30세 이상의 러시아연방 시민이 될 수 있다. 변강주 지사는 동시에 두마의 의원, 대의 지방자치기관의 의원이 될 수 없고, 러시아연방 법령이 달리 정하지 않았다면 교육, 학문 및 다른 창조적 활동을 제외한 다른 유급활동에 종사할 수 없다.

변강주 정부는 하바로프스크 변강주의 상설적으로 활동하는 최고 집행 국가권력기관이다. 변강주 정부는 연합기관이다. 변강주 정부에 속하는 것은 직위 상 변강주 정부의 의장인 변강주 지사, 변강주 정부의 수석 부의장, 변강주 정부의 부의장, 하바로프스크 변강주 장관들이다.

3) 입법기관

하바로프스크 변강주의 입법(대의) 국가권력기관은 하바로프스크 변강주의 입법두마이다. 두마는 하바로프스크 변강주의 상설적으로 활동하는 최고의 그리고 단일한 입법권력기관이다. 두마는 4년 임기로 선출된 25명의 의원들로 구성된다. 두마의 의원은 상설적으로 직업적 기반에서는 물론 주요 활동의 중단 없이 일할 수 있다.

두마의 의원은 연방법률에 따라 적극적 선거권을 가지면서 하바로프스크 변강주의 영토에 거주하는 러시아연방 시민이 선출된다. 의원선거는 비밀투표 하에 보통, 평등, 직접선거권을 기반으로 진행된다. 두마의 의원으로는 연방법률, 변강주 헌장, 변강주 법률에 따라 피선거권을 가지면서 21세에 다다른 러시아연방 시민이 선출될 수 있다.

의원의 활동이 직업적으로 상설적 기반에서 실현된다면 지적된 의원은 다른 유급활동에 종사할 수 없으며 러시아연방의 법령이 달리 정한 바가 없다면 교육, 연구 및 다른 창조적 활동을 제외한 다른 유급활동에 종사할 수 없다. 자신의 권한임기동안 의원은 다른 국가직위, 선출직 시의 직위, 시업무의 시의 직위를 차지할 수 없고 연방법률이 달리 정하지 않았다면 다른 대의국가권려기관 혹은 대의 지방자치기관의 의원이 될 수 없다. 의원은 의원 권한의 실현과 관련된 활동에 자신의 지위를 활용할 수 없다.2)

3. 대의정치

1) 러시아연방 대통령 선거

하바로프스크 변강주에는 러시아연방 차원의 선거에서 두개의 선거구가 있다. 전체 유권자수는 러시아연방 국가두마의원 선거와 연방대통령 선거의 경우 109만 명 안팎으로 집계되었다.

2000년 3월 26일 실시된 러시아연방 대통령 선거에는 유권자의 73.9%가 투표에 참여했고 뿌친이 투표참여 유권자의 49.5%의 지지를 획득했다. 주요 후보들의 득표율은 다음과 같다.

---

2) Устав Хабаровского края. http://constitution.garant.ru/DOC_25406546.htm#sub_para_N2000. (2004년 5월 29일 검색)

후 보 명	득표율(하바로프스크주,%)	득표율(러시아연방,%)
지리노프스끼	5.3	2.7
쥬가노프	28.1	29.3
뿌친	49.5	52.8
찌또프	1.2	1.5
뚤레예프	2.3	3.0
야블린스끼	7.6	5.8
모든 후보에 대한 반대	2.7	1.9

출처: Приложение. Результаты голосования на президентских выборах 2000г. по регионам // Президентские выборы 2000 года в России / Под ред. Май ка Макфола, Николая Петрова и Андрея Рябова. М.: Московский Центр Карнеги, 2000; Выбровы-2000 в цифрах и событиях. http://www.nns.ru /Elect-2000/result. (2005년 5월 13일 검색)

2) 러시아연방 연방의회

가) 러시아연방 국가두마(하원)의원 선거

1999년 12월 19일 실시된 러시아연방 국가두마의원 선거에서 정당별 투표에 참여한 유권자수는 634,903명으로서 전체 유권자의 58.04%를 차지했다. 하바로프스크 변강주에서 정당별 투표의 최다득표자는 '단결(메드베드)'였다.[3)]

목록	득표수	득표율(하바로프스크주, %)	득표율(러시아연방,%)
야블로코	55920	8.81	5.93
단결(메드베드)	172061	27.10	23.32
지리노프스끼 블록	58528	9.22	5.98
조국-전러시아	33840	5.33	13.33
러시아공산당	132578	20.88	24.49
우파연합	57075	8.99	8.52
모든 후보에 대한 반대	27188	4.28	

3) 러시아연방 국가두마(하원)의원 선거결과는 러시아연방 중앙선거위원회 및 지역 선거위원회의 사이트에서 제시된 것을 참조. Центральная избирательная ко миссия Россий ской Федерации. http://cikrf.ru/. 자료에 대한 검색은 주로 2003년 10월부터 2004년 1월에 걸쳐 이루어졌다.

나) 러시아연방 연방회의(상원)의 성원

하바로프스크 변강주에서 선출된 러시아연방 상원의원은 오제로프(В. А. Озеров)와 솔로닌(Ю. Н. Солонин)이다. 오제로프는 방위 및 안보에 관한 연방회의 위원회 위원장, 의회활동 내규 및 조직에 관한 연방회의 위원회 위원, 연방회의의 헌법적 권한실현 방법에 관한 연방회의 위원회 위원으로서, 하바로프스크 변강주 입법두마에서 선출된 대표자이다. 1958년 1월 5일생으로서, 2001년 12월 15일 선출되었고 2005년 12월 임기가 만료된다. 솔로닌은 연방회의의 헌법적 권한의 실현방법에 관한 연방회의 위원회 위원, 사회정책에 관한 연방회의 위원회 위원, 정보정책에 관한 연방회의 위원회 위원으로서, 하바로프스크 정부로부터 파견된 대표자이다. 1941년 6월 5일생으로서, 2005년 2월 9일 그 권한이 승인되었고 2008년 12월에 임기가 만료된다.[4)]

3) 연방주체의 수장 선거

2000년 12월 10일 하바로프스크 변강주 행정수반 선거가 성립되었다. 2명이 입후보했고 투표는 한번 실시되었다. 등록된 후보 및 그 득표율은 다음과 같다.

후 보 명	득 표 율 (%)
쥬꼬바(Жукова С.Л.)	6.32
이샤예프(Ишаев В.И.)	87.84

선거위원회의 집계에 의하면 선거에는 등록된 유권자의 46.45%가 참여했다. 모든 후보에 대한 반대에는 4.28%가 투표했다.

하바로프스크 변강주 행정수반으로는 이샤예프가 당선되었다.[5)]

4) Озеров Виктор Алексеевич. http://council.gov.ru/sostav/member/m10718.htm; Солонин Юрий Никифорович. http://council.gov.ru/sostav/member/m10827.htm.

5) Регионы - Губернаторские выборы в 2000 году - Хабаровский край. http://i1600.100mb.ru/~grankin/archiv/reg27el.htm.

Ⅳ. 경제시스템

1. 경제개황

하바로프스크 변강주는 7개의 연방지구 중 중앙연방지구에 속하고 12개의 러시아 경제지역 중 극동경제지역에 속한다. 지역 경제는 대부분이 각 경제부문의 상태, 투자 분위기 및 투자계획안의 실현화여부에 따라 결정되어진다. 따라서 이 지역의 경제를 부흥시키기 위한 지방정부의 투자유치안은 매우 구체적으로 명시화되어 있다. 정부차원에서 투자유치를 위한 구체적부문은 주로 운송 및 관계를 위한 서비스, 유색 및 흑색 금속 등 천연자원의 개발 및 발굴, 석유가공, 호텔사업, 무역, 식품 등의 부문이다.

하바로프스크 변강주의 전체지표인 지역총생산은 러시아대비 1.2%의 규모를 가지고 있다. 우드무르트 공화국의 지역총생산과 1인당 지역총생산을 보면 다음과 같다.

하바로프스크 변강주 지역총생산액 추이

항목 \ 년도	1996	1997	1998	1999
지역총생산	23,909	30,866	29,879	49,535
1인당 지역총생산	15,286	19,896	19,403	32,467
지역총생산 지수		104.5	93.7	109.2

http://www.infostat.ru/epub.htm (검색일: 2003.1.10)

하바로프스크 변강주의 지역총생산의 주요 구성에 따른 비율을 보면 공업부문이 상대적으로 우위를 점하고 있으며 약 30.7%에 이르고 있다. 운송도 큰 비중을 차지하고 있으며 27.2%에 이르고 있다. 그 외 건설, 농업, 유통이 각각 5.1%, 3.8%, 8.9%에 이르고 있다.

하바로프스크 변강주의 기업부문의 지표에 있어 총 기업수와 소 기업수 그리고 공업 활동 기업수를 연도별 추이로 살펴보면 다음과 같다.

기업수 추이

항목 \ 년도	1997	1998	1999	2000
총기업수(연말)	25,030	26,386	28,310	29,480

소기업수(연말)	9,084	7,981	10,428	8,278
활동기업수	1,424	1,620	1,015	1,683

http://www.infostat.ru/epub.htm (검색일: 2003.1.10)

국내의 기업뿐만 아니라 지방정부의 적극적인 투자유치의 일환으로 하바로프스크 변강주에는 외국계의 기업들이 왕성히 활동하고 있다. 특히 전 세계적으로 유명한 기업인 일본의 토요타사를 비롯하여 한국 기업인 현대, LG, 대우, 미국의 글로벌 원과 핀란드 등의 대표적인 기업들이 있다.

이들 생산기업이외에도 이 지역 은행시스템의 편리를 위하여 금융메커니즘도 우수하게 정비되어 있다. 이들 대다수의 은행들은 대규모의 세계 각국의 은행들의 지점의 형태로 설립이 되어있는 경우가 많고 이 은행들을 통하여 각종 결제가 신속히 행해지고 있다.

2. 산업

1) 공업

하바로프스크 변강주의 공업을 전반적으로 이해하기 위해 공업총량에 대한 지표를 살펴보는 것은 필요하다. 총 공업생산량과 공업생산지수를 연도별 추이로 보면 다음과 같다.

총 공업생산량 추이

항목 \ 년도	1997	1998	1999	2000
총 공업생산량	13,570	15,517	25,442	59,898
공업생산 지수	97	104	110	125

http://www.infostat.ru/epub.htm (검색일: 2003.1.10)

하바로프스크 변강주의 공업부문별 구조에 있어 어떤 것이 주요한 부문이고 그 비율들은 얼마나 되는가를 보는 것은 이것이 공업에 기여도를 평가하는데 중요한 자료일 것이다. 하바로프스크 변강주는 기계제작이 중심이 되고 동력, 식음료, 중공업, 임업 및 목재 가공 등이 중요한 위치를 차지한다. 구체적으로 이들이 어떤 비율을 가지고 있는지 표로 살펴보면 다음과 같다.

주요 공업생산부문별 생산비율

생산부문	하바로프스크 변강주 총공업생산 비율
전기전력	8.5%
연료공업	7.9%
철강업	3.3%
비철금속	8.4%
화학 · 석유화학	1.6%
기계제작 · 금속가공	50.4%
목재가공, 종이 · 펄프	8.0%
건재공업	1.3%
경공업	0.3%
식품공업	8.5%
기타	1.8%

http://www.infostat.ru/epub.htm (검색일: 2003.1.10)

하바로프스크 변강주의 공업생산량은 최근 10년 동안 여러 면에서 침체되어있는 실정이다. 이의 주된 원인은 구소련의 붕괴로 각 연방국과의 경제관계가 결렬되었기 때문이다.

전체적으로 비교하였을 때 생산량이 가장 많이 줄어들고 있는 분야는 중공업부문, 건축자재생산부문, 삼림 및 목재가공부문과 화학 및 석유화학부분이다. 그러나 하바로프스크 변강주 자체의 행정국은 이러한 문제를 극복하기 위하여 러시아의 투자뿐만 아니라 외국의 투자를 적극 유치하고 있다. 이 지역으로 투자가 유입되는 부문을 살펴보면 운송부분이 가장 많이 차지하고 있고 기타 공업부문과 주택 건설부분에서도 활발한 투자가 이루어지고 있다.

2) 농업

하바로프스크 변강주의 농업전반을 보기위해 총 농업생산량과, 총 농업생산액 중 작물관련 생산액, 총 농업생산액 중 가축관련 생산액을 연도별 추이로 살펴보면 다음과 같다.

농업생산량 추이

항목 \ 년도	1997	1998	1999	2000
총농업생산액	2,117.9	2,602.9	3,400.9	3,840.9
작물관련 생산액	1,430.1	1,772.1	1,973.9	1,992.7

가축관련 생산액	687.8	830.8	1,427.0	1,848.2
농업생산 지수	83	127	97	100.2

http://www.infostat.ru/epub.htm (검색일: 2003.1.10)

하바로프스크 변강주의 총 경지면적에서 재배되는 작물들의 면적비율을 살펴보면 주요 농산물과 기여도를 파악할 수 있다. 하바로프스크 변강주의 총 파종면적을 보면 2000년을 기준으로 10만 2,600 헥타르이고 여기에 주로 파종되는 식물의 종류를 보면 곡물이 19.6%, 사료용 식물재배가 34.0%, 특용작물이 12.5%, 감자와 채소가 33.9%를 차지하고 있다.

하바로프스크 변강주의 농업생산에 있어 2000년의 주요 생산카테고리의 생산량을 살펴보면 다음과 같다.

곡물-2만 4,100 톤; 감자-32만 3,600 톤; 채소-13만 7,500 톤; 가축과 (도살 후 무게)-1만 3,600 톤; 우유-8만 3,500 톤 등이다.

하바로프스크 변강주의 가축사육과 관련해서 2000년말기준으로 길러지고 있는 소는 5만 9,200 두이며 그 중 암소는 3만 500 마리이다. 돼지의 수도 7만 2,300 마리에 이르고 있어 동물사육이 활발히 이루어지고 있다.

3. 자원 등 기타

러시아의 많은 지역에서 천연자원이나 광물자원들은 그 지역의 공업발전을 위한 하나의 생산요소로 사용되고 있다. 그러나 하바로프스크 변강주의 자원들은 기타 지역에서와는 다른 의미를 갖는다. 이 지역에서는 많은 기업들이 자원의 발굴과 가공 자체를 목적으로 하기 때문이다. 따라서 하바로프스크 변강주에서 채굴되는 자원의 양은 매우 다양하다.

하바로프스크 변강주의 토지자원은 7,876만 3,000 헥타르로 기타 자원에 비해서 규모는 작은 편이다. 이 토지 중에서 가장 큰 면적을 차지하는 것은 산림지대로 80%에 이른다. 삼림지대에는 한구 삼나무, 전나무, 소나무, 낙엽송 등의 침엽수림이 주종을 이루고 있으며 활엽수의 종류로는 흰색자작나무, 황색자작나무, 사시나무를 비롯하여 시장 가치 있는 나무인 참나무와 단풍나무 등이 서식하고 있다. 이러한 산림자원은 동물이나 식물 또는 식용자원을 위한 근간이 되고 있으므로 이 지역에서 매우 중요한 자원으로 평가되고 있다.

하바로프스크 변강주의 삼림에는 다양한 야생의 동물이 풍부하게 분포하고 있다. 야생의 동물로는 갈색곰과 여우, 담비, 사슴, 수달, 아메리카 사향쥐 등이 있으며 식물로는 희귀한 많은 약초들이 있다는 것이 특징이다.

하바로프주의 강은 12만 개를 초과하며 길이는 540km이며 호수의 수는 5만 5,000 개이다. 가장 큰 강은 아무르강의 줄기로 그 길이는 1,000km를 넘는다. 이러한 강과 호수에 살고 있는 어종은 100여 종이 넘을 정도로 다양하다. 어로에서 중요한 어종으로는 명태, 대구, 연어, 북해산대구, 청어, 칠성장어 등이 있다.

하바로프스크 변강주에는 많고 다양한 종류의 광물자원이 있다. 그 비축량 또한 다양하며 이것들의 대부분은 공업적 목적으로 사용되지는 않는다. 가장 중요한 의미를 가지는 광물자원들의 예로는 점결탄과 갈탄으로 그 양은 각각 1.4십억 톤과 70억 톤에 이르는 것으로 추정하고 있다. 연료 및 동력자원으로 탄화수소자원은 아디니칸스크 매장지에 많이 분포되어 있다. 가스와 석유의 매장량은 5억 톤으로 평가되고 있다. 또 다른 주요한 자원으로 주석광이 있으며 비축량이나 가공의 규모로 평가하여 러시아에서 제1의 위치를 차지한다.

V. 문화시스템

1. 지역정체성

1) 인구

하바로프스크 변강주의 2001년도 인구수는 1,496,000명이다. 1990년대 들어 출생자수 감소, 사망자수 증가 추세와 병행하여 사회적 요인에 따른 인구유출 증가로 인해 1992년 이후 지속적인 인구 감소추세를 보이고 있다.

하바로프스크 변강주 인구변동 추이

연도	1990	1992	1993	1994	1995	1996	1997	1998	1999	2000	2001
인구수 (1,000명)	1,611	1,623	1,610	1,597	1,577	1,561	1,546	1,535	1,523	1,506	1,496

Россий ский статистический ежегодник. Госкомстат России. М., 2001. С. 83.

인구 자연증가율은 1993년부터 마이너스를 기록하며, 연도별로 불규칙적이지만 지속적인 하락추세를 보인다. 많은 연방 주체들에서 인구 자연증가율의 하락추세가 둔화되는 2000년도에도 하바로프스크 변강주의 자연증가율은 더욱 하락했다.

하바로프스크 변강주 출생자수, 사망자수, 자연증가율

연도	출생자수(명)	사망자수(명)	자연증가율(명)
1990	24,482	14,991	9,491
1992	17,604	17,005	599
1993	15,526	20,010	-4,484
1994	15,785	21,179	-5,394
1995	14,625	20,668	-6,043
1996	13,257	19,858	-6,601
1997	12,786	18,780	-5,994
1998	13,358	18,783	-5,425
1999	11,979	20,048	-8,096
2000	12,400	20,745	-8,345

Россий ский статистический ежегодник. Госкомстат России. М., 2001. С. 123.

하바로프스크 변강주의 주요 산업은 전력산업, 식품공업, 중공업, 임업 및 목재가공업 등이며, 민간부문의 생산량이 총 생산량의 85%를 차지한다. 소비에트 연방 붕괴 이후 시작된 경제악화 상황이 현재까지 지속되고 있다. 이러한 상황을 타개하기 위하여 변강주 행정부는 다양한 국내외 투자유치 정책을 마련하여 실시하고 있다. 실업률은 다른 연방 주체들에서와 마찬가지로 1990년대 내내 상승하다가 2000년 들어 하락추세로 전환되었다.

하바로프스크 변강주 경제활동인구(취업자, 실업자), 실업률

연도	경제활동인구 (1,000명)	취업자수 (1,000명)	실업자수 (1,000명)	실업률(%)
1992	564	823	27	4.7
1993	546	795	29	5.3
1994	523	734	45	8.7
1995	518	449	69	13.4
1996	507	451	56	11.0
1997	511	432	80	15.6
1998	508	425	82	16.2
1999	517	433	84	16.2
2000	520	450	70	13.4

Россий ский статистический ежегодник. Госкомстат России. М., 2001. С. 140.

2) 민족

하바로프스크 변강주에는 100여 민족이 거주한다. 주요 민족 구성을 보면, 러시아인 86%, 우변강주나인 6.2%, 벨라루스인 1.1%, 따따르인 1%, 유태인 0.8%, 나나이인 0.6%, 고려인 0.5%, 모르드바인 0.5%, 아제르바이잔인 0.3%, 독일인 0.2%, 추바슈인 0.2%, 에벤크인 0.2%, 울치인 0.2%, 에벤인 0.1%, 니프흐인 0.1%, 우데게이인 0.04%, 오로치인 0.03%, 네기달인 0.03% 등이다.

3) 교육

하바로프스크 변강주의 주요 과학, 기술 연구소로는 러시아 과학아카데미 극동지부 재료연구소 등 12개 아카데미 연구소, '극동철도프로젝트' 등 24개 분야별 기술 및 설계 연구소, 과학-기술 정보 센터 등 12개 과학 센터, 국영기업인 '설계-구성 사무소' 등 6개 설계-구성 회사 등이 있으며, 대학교육 기

관으로서는 하바로프스크 국립 공과대학교, 극동 국립 철도대학교 등 9개 대학이 설치되어 있다. 중등 교육기관으로서는 하바로프스크 시에만도 62개 중등학교, 11개 김나지움, 3개 특수학교, 12개 기숙학교, 5개 야간학교, 17개 직업기술학교, 27개 전문학교, 9개 체육학교, 9개 음악, 미술학교가 설치, 운영되고 있다.

2. 지역문화

1) 문화개괄

하바로프스크 변강주에 가면 강이 있는 도시가 매우 아름답고 시베리아가 일반적으로 생각하는 것보다 훨씬 가깝다는 것을 알 수 있다. 하바로프스크에 흐르는 아무르 강은 '아무르 강의 잔잔한 파도'라는 노래로 잘 알려져 있고 중-러시아 국경의 일부를 구성하고 있는 것으로 유명하다. 이 강을 보기 위해 하바로프스크 변강주에 간다고 해도 그만한 가치가 있다.

시베리아라는 말이 지닌 이미지는 차갑고 혹독해서 과연 인간이 살 수 있는 곳일까라고 생각하는 사람들이 있을지 모른다. 그러나 하바로프스크를 방문하면 시베리아는 사람이 살 수 없는 곳이라는 편견이 사라질 것이다. 고풍스러운 벽돌 건물이 즐비한 대로를 따라 걸으면서 구경하는 것만으로도 즐겁다.

하바로프스크는 우수리 강과 아무르 강의 합류 지점에 위치한다. 1649년에 엘로페이 하바로프라는 탐험가가 이곳을 찾았으며 16세기 중엽부터 극동의 중심지가 되었다. 그리고 1858년에 하바로프스크로 명명하였다. 하바로프스크市의 역 옆에 서 있는 동상은 바로 탐험가 하바로프의 동상으로 이 시의 상징이며 지역민들의 존경의 대상이다.

하바로프스크시의 중심은 레닌광장으로 이곳에서 콤소몰 광장까지 뻗어있는 것이 주도로인 마르크스 대로이다. 이 거리는 그렇게 길지 않아서 걸어서 20분 정도면 갈 수 있다.

콤소몰 광장의 아래쪽에는 아무르 강이 흐르고 있다. 아무르 강가에는 문화와 휴식의 공원이 있는데 그 이름처럼 시민의 휴식처가 되고 있다. 공원 안에는 향토 박물관이 있다.

칼 마르크스 대로는 몇 개의 거리와 교차하고 있는데 그중에서 칼리닌 거리와의 교차점에 있는 건물 5층에 극동 미술관이 있다. 기간트라는 극장은 사피린 기리의 모퉁이에 있으며 홀이 3개 있는 큰 영화관이다. 홀 별로 따로 티켓을 팔고 있다.

레닌대로는 마르크스 대로 다음가는 번화한 거리로 지질학 박물관, 백화점, 주점 등이 위치하고 있다. 아무르 강을 향하여 이 거리를 걸어가면 영광 광장이 나온다.

그 옆에 있는 영원한 불은 전몰병사의 위령비가 있는 곳으로 16개국의 공화국 기장이 줄지어 있다. 이곳에서 작은 길로 나가면 통나무로 만든 집이 있어서 톨스토이의 「세 마리 곰」을 생각나게 한다.

2) 문화시설

(1) 극동 예술 박물관

이곳은 칼 마르크스 대로가 칼리닌 거리와 교차하는 모퉁이에 세워진 건물 안에 있다. 간판이 걸려 있지만 작아서 찾기 어려우므로 지나쳐버리기 쉽다. 작은 미술관이지만 레삔의 작품을 비롯하여 성화, 조각 등 흥미로운 작품들이 전시되어 있다. 또 이 지역 어린이들의 콘서트가 열리기도 하는데 아이들은 서툰 솜씨지만 매우 열성적이다.

(2) 지지(地誌) 박물관

인투리스트 호텔 왼쪽, 아무르 강 바로 앞에 서있는 오래된 벽돌 건물로, 1896년에 러시아 지리학회의 아무르 강 유역지부에 의해 설립되었다.

극동이나 연안 주의 역사 풍속 자연에 관한 자료에서부터 매머드의 상아, 고대 원주민의 생활양식을 구경할 수 있다.

(3) 문학 박물관

극동과 관계가 있었던 작가들에 관한 자료와 직접 쓴 메모 등을 전시하고 있다.

인투리스트 호텔의 바로 왼쪽에 위치하는데 극동의 문학에 관심이 있는 사람이라면 가볼 만한 곳이다.

(4) 전시관

하바로프스크의 많은 전시관들은 지역의 복잡한 도시 집중화와 그 문화적, 역사적 발전 과정을 보여주고 있다. 이곳에서 다양한 형태의 전시관, 갤러리, 박물관과 알게 되고 타국의 박물관들과 교환한 여러 가지 예술 작품들을 보게 될 것이다. 이곳에 있는, 르네상스 시기의 위대한 작가의 몇몇 작품들은 전 세계적으로도 유사품이 없는 귀한 것이다.

한국 전시관의 소장품 용머리

한국 도자기

한국 전시관에는 한국의 유물도 전시하고 있는데 여러 가지 질그릇, 도자기와 1215년 고려의 여성들에게 인기를 누리던 돌로 된 여러 가지 형태의 장식품도 있다. 그리고 1215년부터의 유물이 있는 크지 않은 무기고가 방문자들의 흥미를 끈다. 방문자들은 달콤하고도 매운 요리와 이국적인 역사가 있는 한국 문화와 만나게 된다.

참고문헌

http://www.mojgorod.ru/karacherk_r/index.html

http://wgeo.ru/russia/reg07.shtml

http://wgeo.ru/russia/reg08.shtml

http://socarchive.narod.ru/bibl/polros/Krasnod/geogr-kras.html

http://wgeo.ru/russia/reg23.shtml

http://socarchive.narod.ru/bibl/polros/Dagestan/geogr-dagest.html

http://wgeo.ru/russia/reg05.shtml

http://wgeo.ru/russia/reg61.shtml

http://wgeo.ru/russia/reg34.shtml

http://socarchive.narod.ru/bibl/polros/Sevos_r/geogr-sev.html

http://wgeo.ru/russia/reg15.shtml

http://wgeo.ru/russia/reg26.shtml

http://wgeo.ru/russia/reg01.shtml

http://wgeo.ru/russia/reg47.shtml

http://www.ingushetiya.intergrad.ru/

http://wgeo.ru/russia/reg47.shtml

http://wgeo.ru/russia/reg20.shtml

http://www.intergrad.ru

http://www.gov.ru

http://www.regions.intergrad.ru/

http://wgeo.ru/russia/

http://www.roiip.ru/regions/index.htm

http://www.intergrad.ru/kultura_mus.htm

http://www.gov.ru

http://www.museum.ru

http://www.theatre.ru/

http://ys.mmc.ru/dagestan.html

http://www.towns.ru/main.html

http://www.lenobl.ru/culture

http://www.russianculture.ru/

http://www.bumbinorn.ru/index.php?page=6

Аронов. А. А. Мировая художественная Культура. Россия XX век. М., 1999.

Кононенко. Б. И., Культурология. Альбом схем. М., 1998.

Радугина. А. А. Культурология. М., 1998.

Раковой . М. М. и Рязанцева. И. В., История русского искусства 1-3 М, 1981.

Регионалистика: Учебное пособие для вузов, М, 2000.

Региональная экономика: учебник/под ред. В. И. Видяпина, М. В. Степанова, М., 2002.

Регионы России : Стат. сб. В 2т. Т.2/ Госкомстат России, М., 2001.

Экономика и энергетика регионов Российской Федерации, М., 2001.

연 구 진

● **권 세 은**

모스크바 국립대학교 정치학 박사.
현 경희대학교 외국어대학 러시아어학과 부교수.

주요논저:
『한국과 러시아 관계』(공저, 2001); 『21세기 러시아 정치와 국가전략』(공저, 2001); 「Синергетический подход к описанию трансфо-рмации россий ского общества」(2003); 「지역연구의 패러다임으로서 복잡성에 대한 시론」(2004)

● **공 우 석**

영국 헐대학교(The Univ. of Hull) 지리학 박사.
현 경희대학교 문리과대학 지리학과 교수.

주요논저:
『정보화시대의 국토와 환경』(공저, 2000); 『한국의 제4기환경』(공저, 2001); 『경관생태학』(공저, 2001);『러시아의 지리』(공저, 2002)

● **안 병 용**

모스크바 국립대학교 문학 박사.
현 경희대학교 외국어대학 러시아어학과 부교수.

주요논저:
「현대 러시아드라마 연구」(2001); 「<적자색 섬>에 나타난 작가와 검열의 문제」(2001); 「<위선자들의 까발라>에 표현된 불가꼬프와 몰리에르」(2002); 「한국에서의 러시아문학 수용 연구」(2003)

● **강 혜 련**

연세대학교 대학원 정치학박사
모스크바대학교 사회학부 독또르과정 재적
경희대학교 비교문화연구소 러시아지역연구팀 책임연구원.

주요논저:
『러시아의 민주화와 국가-노동관계』(1997); 『러시아 국가와 시민사회』(2003); 「러시아지방의 정치적 특성과 유형화」 (2005) 등

● **성종환**

한국외국어대학교 문학박사(노어학).
현 경희대학교 비교문화연구소 러시아지역연구팀 책임연구원.

주요논저:
『현대 러시아어 관용구연구』(2001); 「러시아 지역 정체성연구」(2003) 『동방특급열차』(역서, 2003)

● **공영호**

모스크바대학교 노문학 박사.
현 경희대학교 러시아지역연구팀 책임연구원.

주요논저:
「러시아 연방지구문화연구」(2005); 「러시아 지역문화연구방법론」(2004), 「러시아 문화연구방법론」(2003)

● **김 성 훈**

모스크바대학교 경제학 박사.
현 경희대 비교문화연구소 러시아지역연구팀 책임연구원.

주요논저:
『이슬람경제의 사상과 적용』(공저, 1999); 「Capital accumulation during the transition period in russian economy」(1999); 「복잡시스템에 기초한 지방경제의 분석모델 연구-러시아 7개 지구 연방지구의 예시」(2004)

러시아 지방연구 Ⅶ : 극동연방지구

인 쇄 일	2006. 2. 20
발 행 일	2006. 2. 27
저 자	권 세 은 외
발 행 인	김 병 묵
발 행 처	경희대학교 출판국
등록번호	1977년 11월 8일 제6-5호
주 소	(130-701) 서울시 동대문구 회기동 1번지
전 화	(02) 961-0106 / 7
팩 스	(02) 962-8840
이 메 일	khup@khup.com
홈페이지	http://www.khup.com
인 쇄 처	한다문화 Tel. (02) 961-7500 Fax. (02) 961-7400 Email. handapp@hanmail.net

ISBN 89-8222-123-9(94980) 정가 15,000원
89-8222-116-6(세트)